어느날, 딸이 남이로 떠나자고 했다

1판 1쇄 발행 2025년 9월 15일

지은이   이명희
발행인   강신옥
펴낸곳   한국문인출판부
         등록 | 2021. 7 제2021-000235
         02643 서울시 마포구 월드컵북로 235, 19-704
         ☎ 010-9585-7785
         gtree313@gmail.com
         Printed in Korea ⓒ 2025 이명희

값 15,000원

ISBN 979-11-987514-9-2

어느 날, 딸이

남미로 떠나자고 했다

국제 미아가 되다

    호텔에서 푹 쉰다고 쉬었는데 아직 몸이 말을 듣지 않는다. 하루 돌아다니면 하루는 완전히 쉬어 줘야 하는 것 같다. 젊은 나이라면 몸보다는 돈과 시간이 아까워 뭐라도 더 보려고 바삐 다니겠지만 이젠 난 그러지 못하는 나이다. 여행을 하더라도 컨디션을 조절하고 조금씩 돌아다녀야 한다. 어제 리우데자네이루의 명소는 다 다녔으니 오늘 난 쉬기로 한다.

    딸은 오늘 카톡에서 만난 여행자들과 만나서 멀리 간다고 했다. 오늘은 양력으로 하면 내 생일이지만, 난 음력 생일을 지낸다. 생일인지 알고 많은 사람이 생일 축하 메시지를 보낸다. 한국이 아닌 타지에서 이런 생일 축하 메

어느 날, 딸이
남미로 떠나자고 했다

환갑 넘어 떠난 77일간의 남미 여행기

이명희 여행 수필집

한국문인 출판부

여행자들의 끝판이라는 남미 여행을 딸과 함께 떠났다. 77일 동안 브라질, 파라과이, 아르헨티나, 칠레, 볼리비아, 페루, 쿠바, 칸쿤까지 남미 대륙 8개국을 종횡무진 누비며, 우리 모녀는 인생에서 가장 진하고 소중한 시간을 마주했다.

출발을 앞두고 고산병 약을 챙기고, 예방 주사도 맞았다. 남미는 우리에게 낯선 대륙이었다. 언어도 다르고, 문화도 생소했다. 하지만 딸과 함께였기에 용기를 낼 수 있었다. 마치 두 친구처럼 나란히 배낭을 메고 브라질 공항에 첫발을 디디던 그 순간의 설렘은 지금도 잊을 수 없다.

나는 영어만 할 줄 아는 딸인 줄로만 알았다. 그런데 웬일인지 스페인어를 능숙하게 구사하며 시장에서 흥정하고, 길을 물었다. "언제 배웠어?"라는 내 물음에 그저 웃으며 "엄마가 모르는 나도 있지"라며 웃던 그 모습이 어쩐지 든든하고 자랑스러웠다.

브라질에서 세계 7대 불가사의 중 하나인 예수상을 마주한 순간, 내 마음은 말로 다 할 수 없는 환희로 벅차올랐다.

볼리비아로 향하던 길, 우유니 소금사막을 가기 위해 고산 지대를 통과하던 중 나는 갑작스레 코피가 나고, 목소리가 나오지 않는 고산병 증세를 겪었다. 하지만 그 모든 고통을 견디고 도착한 우유니는 말 그대로 환상의 땅이었다. 끝없는 하늘이 소금 위에 반사되어 펼쳐지는 장면은 마치 하늘과 땅이 맞닿은 신기루 같았다. 쏟아지는 햇볕에 응고된 소금은 자수정처럼 반짝였고, 밤하늘의 별빛마저 내려와 함께 춤추는 듯했다. 젊은 여행자들과 함께 모델이 되어 사진을 찍고, 자연의 아름다움 속에서 웃고 걷고 노래했던 그 순간들은 지금도 꿈처럼 선명하다.

안데스산맥에서 흘러든 맑은 물이 고여 만들어진 티티카카 호수는 '산속의 바다' 같았다. 하늘과 닮은 청색의

수면 위에 잔잔한 바람이 부는 풍경 속에서, 우리는 자연의 웅장함과 고요한 위엄을 온몸으로 느꼈다.

마추픽추에 도착했을 땐, 말로 표현할 수 없는 감동이 밀려왔다. 오랜 시간의 걸음과 인내, 험난한 여정이 모두 보상받는 듯했다. 자연과 역사의 위대함 앞에서 우리는 그저 겸허해질 수밖에 없었다.

여행 중 만난 사람들 또한 우리의 기억을 따뜻하게 채워주었다. 칠레의 어느 식당에서 들려온 사장의 구수한 전라도 사투리는 이국의 한복판에서 고향의 향수를 불러일으켰다. 국경을 넘을 때마다 겪어야 했던 까다로운 절차, 지인들을 위해 준비한 선물을 압수당하는 일도 있었다. 당황하는 내게 딸은 늘 이렇게 말했다.

"엄마, 이런 것도 나중엔 다 추억이야."

그 한마디는 때로 어떤 약보다도 더 큰 위로가 되었다. 그리고 나는 생각했다. 이 여행의 진짜 의미는 목적지가 아니라, 딸과 함께 지나온 모든 순간에 있었다는 것을.

여행은 장소보다 사람이라는 말을 이번에 다시 실감했다. 잊을 수 없는 명소들도 많았지만, 결국 가장 깊이 남는 건 딸과 함께 걸었던 거리, 함께 먹은 음식, 나눈 대화였다. 우리는 서로를 더 이해하게 되었고, 가족이라는 이름 너머, 인생의 동반자이자 진짜 '여행 친구'가 되었다.

77일의 남미 여정은 단순한 관광이 아니었다. 딸과 함께한 삶의 긴 여정이었다. 세상의 넓이만큼 우리의 마음도 넓어졌고, 그 매 순간은 배움이자 선물이 되었다.

햇볕에 타고, 고산병에 시달리고, 국경 앞에서 긴장하던 시간조차도 지금은 눈부신 추억이다. 앞으로도 이 소중한 기억을 품고, 더 많은 시간을 함께 보내고 싶다. 삶이 허락하는 한, 우리는 또 다른 여정을 준비할 것이다.

이번 여행이 가능했던 데에는 감사해야 할 사람들이 있다. 먼저 파라과이에 머무르고 있던 남동생이 있었기에,

남미라는 낯선 대륙에 대한 문을 열 수 있었다. 딸이 동행해 주었기에 나는 용기를 낼 수 있었다. 그리고 이 모든 여정을 글로 엮고 책으로 엮어낼 수 있도록 이끌어주신 이철호 교수님의 지도 덕분에, 이 길은 단지 추억에 머무르지 않고 기록이 될 수 있었다.

인생은 결국 나그넷길이다. 그 길을 함께 걸어준 사람들에게, 마음 깊이 감사의 인사를 전한다.

동생, 고마워.

나의 예쁜 딸, 정말 수고 많았어.

그리고 교수님, 진심으로 감사합니다.

이 모든 여정의 출발점이 되어주시고, 끝까지 건강으로 지켜주신 하나님께 감사드린다.

언제나 동행해 주신 임마누엘, 예수님께 모든 영광을 올려 드립니다.

차례

브라질

우여곡절 끝에 드디어 입성!

드디어 착륙! 비행기에 오래 있어도 너무 오래 있었다. 하늘 위에 있는 건 아무래도 피곤하다. 땅에 발을 디뎠다고 좋아하던 기쁨도 잠시, 비행기에서 나온 수하물을 찾아야 하는데 우리의 캐리어가 보이지 않는다. 나오겠지 하며 안일한 생각으로 있었는데, 시간이 지나고 같이 비행기를 타고 왔던 사람들도 한 명 두 명씩 자신들의 짐을 찾아 공항을 빠져나가는데, 우리 짐은 끝까지 나오지 않는다. (여기서 우리란 딸과 나다.) 갑자기 이런 생각이 스친다. '정말 짐이 안 나오면 어떡하지? 비행기를 하루 꼬박 타고 그 멀고 멀다는 브라질까지 왔는데…' 아찔하다.

서울에서 비행기를 타고 2시간을 지나 도쿄에서 내려

서 기다리다가 다시 비행기를 타고 미국 LA 공항까지 8시간을 타고 왔다. 그리고 또 기다리다가 비행기를 타고 남쪽으로 내려와 브라질이란 나라까지 온 것이다. 기다리는 시간을 합하여 30시간이었다. 이렇게 장거리 비행기를 타 본 적은 처음이었다. 다른 친구들은 이제 긴 시간 비행기를 탈 수 없어 어디 떠나지도 못한다. 하지만 나는 이때가 아니면 언제 움직일까 해서 아주 용기 있게 딸을 따라나섰다. 그것도 고난이도라는 남미 여행을….

 "가슴 떨릴 때 떠나라, 다리 떨릴 때는 이미 늦다."라고 여행 좀 하는 사람들이 수도 없이 말했던가. 하지만 난 지금 가슴도 떨리고, 다리도 떨린다. 딸은 또 그랬다. 남미는 짧게 여행하고 돌아갈 수 없는 곳이라고. 그래서 오랜 시간을 내라고 했다. 적어도 석 달은 있어야 하는 곳이라고. 난 태어나서 그렇게 오랫동안 한국을 떠나 본 적이 없다. 떠나 봐야 요즘 들어 조금씩 가는 패키지여행 정도지. 가장 오랜 시간 떠나 본 게 10일 정도였으니…. 어떻게 석 달을 돌아다니면서 살 수 있지. 생각만 해도 앞이 깜깜하지만 그냥 딸을 믿기로 했다.

그리고 또 가라고 나의 마음에서 계속해서 확신을 준 건 바로 일 년 전에 남미로 이민을 떠난 남동생 때문이었다. 남동생은 파라과이로 이민을 갔는데, 남동생이 사는 나라가 어떤 나라인지 궁금하기도 했다. 보고 싶기도 했고, 여러 요인이 맞물려 기회가 온 것이다. 기회가 왔을 때 묻지도 따지지도 않고 행동하는 건 나의 신조이자 장점이기도 하다. 그렇게 산 넘고 바다 건너 오랜 비행을 하고 도착한 곳인데… 짐이 나오지 않는다. 기승전짐!

딸은 공항 관계자에게 가서 뭐라 뭐라 말한다. 그러더니 그 사람이 우리더러 따라오란다. 뭐가 잘못된 것임은 분명했다. 한구석으로 우리를 데려갔다. 그러더니 우리의 짐을 가져온다. '올레!' 외치던 것도 잠시 우리더러 짐을 다 열어보라고 한다. 뭔가 단단히 검사대에서 걸린 것이었다. 그때까지만 해도 몰랐다 난. 내가 정성스럽게 담은 미숫가루가 문제가 될 줄은…

난 여름이 되면 항상 미숫가루를 손수 만든다. 좋은 것들을 몽땅 넣어 만들고 사 남매를 미숫가루 이유식으로 키웠다고 해도 과언이 아니다. 그래서 이번 여름에도 난 그렇게 미숫가루를 만들었고, 그러다 보니 남동생이 생각이 났다. 타지에서는 미숫가루를 구하기가 힘들지 않을까 해서 한여름에 얼음 동동 띄워 미숫가루를 타 먹을 남동생을 생각하며 꾸역꾸역 가방에 넣었던 것이다. 딸은 한사코 말렸지만, 나의 소신은 분명했다.

딸은 옆에서 열심히 설명한다. 그리고 관계자는 직접 찍어 맛까지 본다. 나중에 알고 보니 이들이 아마 마약이 아닐까 해서 의심을 한 것 같다. 모든 가루는 의심의 대상이라고 한다. 이미 공항을 빠져나가도 다 빠져나갔을 그런 시간까지… 우리는 그렇게 붙잡혀서 한참을 있다가 간신히 의심의 시선을 거두고 공항을 빠져나올 수 있었다.

30시간의 비행도 힘들었는데, 미숫가루로 인한 가방 검사 시간까지 더해서 굉장히 많은 시간이 흐른 것 같다. 새로운 곳을 여행한다는 기대감에 남동생을 보러 가는 설렘은 나의 몸을 앞서지 못했나 보다. 나름 긴장을 많이 하고 있었던 것 같다. 브라질 숙소에 안전하게 입성했다고 생각한 순간부터 몸에 이상한 기운이 느껴졌다. 계속 화장실을 가고 싶고, 화장실을 다녀오고 나서도 개운치가 않다. 아마도 오줌소태가 난 것 같다. 시차 때문일 수도 있다고 하는데… 좀 쉬다 보면 괜찮아지겠지?

처음부터 우여곡절이 조금 있었지만, 그래도 생전 처음 해 보는 내 황혼의 남미 배낭여행이 시작되었다.

여행자들의 끝판, 남미에서 예수상을 마주하다

호텔에서 짐을 풀고 우리는 정신없이 잠을 잤다. 비행기를 타고 온 시간보다 더한 시간을 우리는 잠만 잔 것 같다. 여행을 가면 항상 시간에 쫓겨 바쁘게 돌아다녔었는데, 모든 계획을 우리 맘대로 할 수 있다니 너무 좋다. 아프면 아픈 대로 쉬기도 하고, 돌아다니고 싶을 때 돌아다니고. 가고 싶은 곳을 내가 정해 간다는 것. 좀 머리는 아프지만 말이다. 내가 머리 아픈 건 아니지. 사실 난 딸을 졸졸 따라다녀야만 하는 처지다.

평소 나의 관심사는 '신앙'이다. 나는 매일 기도를 한다. 기도의 힘으로 내가 이제까지 잘 살아왔다고 믿는다. 그래서 내 맘속에는 항상 '그분'이 우선이다. 그런데 이곳에 유명한 예수상이 있다고 한다. 공항에서 택시를 타고 숙소로 오면서 산 위에 우뚝 솟아 있는 것을 보고 예수상이라고 했는데 작게 보이긴 했다. 그곳을 오늘 가자고 한다. 아무래도 브라질의 랜드마크라고 하니 설렌다. 그리고 브라질에 와서 첫 외출이기도 했다.

호텔 로비에서 뭔가를 찾는 딸. 그리고 잠시 후에 한국 청년이 온다. 오늘 여행을 함께할 친구라고 했다. 길을 몰라 택시를 타고 가자고 했다가 비싸다며 전철을 타기로 했다. 아무래도 브라질에 우리보다 먼저 온 친구라 지하철 타는 법도 잘 아나 보다. 한국에서도 지방에 살아 지하철을 타고 다니지 않는데, 브라질에 와서 지하철을 타 보니 여행이 아닌 일상 속에 있는 것만 같다. 외국인들 속에 내가 있는 게 신기할 따름이었다. 지하철에서 내려 바로 위치한 정류장에서 산꼭대기까지 올라가는 미니버스를 탔다. 지금 브라질의 계절은 분명 겨울이라 했는데 짧은 옷을 입고 살을 드러내고 다니는 사람들이 많다. 이곳의 겨울은 우리가 한국에서 겪는 그런 겨울이 아닌가 보다.

차에서 내려 계단을 올라 예수상을 마주했다. 코르코바두는 세계 7대 불가사의로도 알려진 리우데자네이루의 대표적인 랜드마크라 할 수 있다. 1931년, 포르투칼로부터 독립 100주년이 되는 시기에 건립되었다. 38미터의 높이라고 하니, 다가가면 갈수록 그 크기는 정말 웅장했다.

세계 각국에서 모여든 여행자들이 예수상을 둘러 사진을 찍느라 정신이 없다. 우리도 함께 합세했다. 그곳에서 보니 우리가 묵고 있던 브라질의 코파카바나 해변과 설탕을 쌓은 것과 같은 모양이라 하여 '빵 지 아수까르'라고 불리는 산이 한눈에 보인다. 아마도 이곳에서 제일 높은 곳에 있는 느낌이다. 하늘과 가까운 곳! 비행기를 탄 것만 같은 기분도 들었다. 하늘의 구름을 한참 쳐다봤다. 맑은 하늘 밑에 구름이 두둥실 떠다니니 자연의 아름다운 조화를 이룬다. 그런데 구름도 예수상 위에는 머무르지 않고 보좌하는 느낌을 준다.

예수상은 양팔을 벌리고 세상을 품고 있는 것만 같다.

우리나라엔 참 십자가가 많은데, 그동안 여행을 다니면서 느낀 건 다른 나라에 십자가가 보이지 않는다는 사실이었다. 하지만 또 어떻게 생각하면 이런 예수상은 없지. 어쩌면 어떤 방식으로든 사람들은 제사를 드리기 원하는 영적인 존재들이 아닌가 싶다. 6년 동안에 걸친 사람들의 땀방울과 사랑, 희생으로 세운 예수상을 바라보며 겸허한 마음이 든다. 그리고 비로소 진짜 여행이 시작되었구나를 실감했고, 앞으로의 모든 여정을 함께 해달라고 난 기도를 한다.

시지를 받으니 감동이 배가 되는 듯하다.

　호텔에서 혼자 갇혀 가져온 책을 읽고 있었다. 점심때 즈음이었다. 청소하러 온 사람이 문을 열다 말고 안에 있는 나를 보더니 문을 닫고 간다. 조금 있으니 전화벨이 울린다. 전화를 받긴 받았는데 무슨 말인지 모르겠다. 그냥 내 느낌대로 청소 시간이니 나와 있으라는 말인지 알고 호텔 로비에 나와 앉아 있었다. 카운터에 있던 직원이 나를 보더니 오라는 손짓을 한다. 그러더니 말한다.

　"잉글리쉬?"라고 하길래 난 "노!"라고 하며 손사래를 쳤다. 그 후에 들리는 말. "저팬?" 난 그냥 어리둥절했다. 다시 직원은 묻는다. "차이나?" 그때서야 난 입을 뗐다. "코리아!" 내가 대답하자마자 직원은 카운터에 있는 컴퓨터 자판을 두드리더니 나에게 보라고 한다. 컴퓨터로 번역기를 돌렸나 보다. 번역기에는 이렇게 적혀 있었다.
　"시간이 다 되었으니 짐을 싸서 나가주세요."
　이게 무슨 소리? 난 한국어로 직원에게 그럴 리가 없다고 말을 했다. 뭐 직원이 알아들을 리가 있나. 난 그 자리에서 딸의 휴대폰 번호를 적어 주며 전화를 해 보라고 했다. 그러나 직원은 안 된다고 한다. 그냥 짐을 싸야 한다고만 말한다. 번역기로. 난 영문을 몰라 일단은 방으로 들어와 짐을 주섬주섬 싸기 시작했다. 놀란 마음에 다리가 후들거리며 진땀이 줄줄 흐른다. 말이 안 통한다는 게 이런 거였구나.

인생은 많이 살았지만, 이 순간만큼 마음은 어린아이가 되었다. 이렇게 국제 미아가 되는 건 아닌가 하는 마음이 문득 들었다. 손자의 모습이 머리에 스쳐간다. 자신이 잘못해 놓고 나에게 "할머니! 할머니!" 하면서 애교를 떨던 그 모습이… 나에겐 하늘에 계신 나의 아버지가 있다. 그래서 나도 애교를 떨며 그 순간만큼은 그 아버지께 마음속으로 외친다. '하나님! 하나님? 딸이 카톡을 빨리 보게 해 주세요.'

그런데… 딸이 카톡을 읽지 않는다.

짐을 싸고 있는데 카운터에서 직원이 방으로 올라왔다. 번역기를 내민다. 딸이 언제 오느냐고 하는 내용이다. 나는 모른다고 말했다. 계속해서 간절하게 마음속으로 기도했다. 그러다 파라과이에 있는 올케가 생각났다. 난 올케에게 카톡으로 연락했다. 올케가 딸하고 통화한다고 연락이 왔다. 그리고 시간이 지난 후, 올케가 딸과 연락이 됐다고 했다. 그러고 나니 마음이 조금씩 안정이 되었다. 딸이 나에게 연락을 했고, 전화기를 들고 호텔 로비로 내려가라고 했다. 그래서 난 딸과 카운터 직원을 그렇게 연결시켜 줬다. 카운터 직원은 딸과 통화를 하더니 나보고 올라가도 된다고 하는 것 같다.

아직 다리는 떨렸다. 그리고 난 방으로 올라갔다. 키를 넣었는데 문이 열리지 않는다. 난 당황하지 않았다. 그래도 그동안의 패키지여행을 다녔던 저력을 되살려 천천히 해 봤는데도 안 된다. 다시 로비로 내려가서 키가 안 열린다고 손짓·발짓으로 다 표현했다. 직원은 키를 바꿔 주었고, 바꾼 키를 넣었더니 문이 잘 열렸다. 일단 나를 후들거리게 만든 국제 미아가 될 뻔한 에피소드는 이것으로 일단락이 됐다.

　딸이 와서 한 얘기로는 우리가 브라질에 3박 4일을 예약했다가 하루 더 있으려고 어제 있던 직원한테 말하고 결재를 했다고 한다. 그런데 교대로 직원이 바뀌면서 전달이 안 된 모양이었다.

　다음 날 아침, 조식을 먹으러 간 우리에게 어제 그 직원은 웃으면서 딸과 대화를 한다. 그러더니 나한테 미안하다고 전해 달라고 했다 한다. 생각해 본다. 지구라는 곳에서 사는 우리들은 다 같은 사람인데 왜 이렇게 언어가 다른 것일까에 대해서…. 언어가 달라 소통할 수 없는 상황이 되는 것, 생각만 해도 아찔하다.

파라과이

타지에서의 재회

앞에서도 언급했지만 환갑이 넘은 내가 패키지도 아닌 자유여행을, 가까운 곳도 아닌 아주 먼 남미까지 올 수 있었던 건 동생이 이민 가서 사는 나라가 어떤 곳인지 궁금해서일 수도 있다. 그리고 거기에 딸이 간다고 하니 그보다 더 좋은 기회가 어디 있을까. 한국에서 파라과이까지 가는 비행기를 찾으려면 좀 쉽지는 않나 보다. 큰 도시들로 향하는 비행기들이 어쨌든 선택 사항은 많을 테니까. 그래서 지도를 보고 대략의 루트를 짠 것이 파라과이에서 제일 가까운 브라질 리우데자네이루였던 것이다.

보통 남미 여행을 할 때 루트는 시계 방향과 반시계 방향으로 나뉜다고 한다. 시계 방향은 페루에서 시작해서 볼리비아, 브라질, 아르헨티나, 칠레 등을 거쳐 페루로 다시 가는 방법이다. 비행기의 시작과 끝이 같은 나라면 비행기표는 조금 더 저렴해질 수 있다고 했다. 하지만 우리 마음이 갔던 곳은 다시 가기 어렵지 않은가. 이왕이면 시작과 끝이 다른 곳이면 시간적으로는 좀 더 경제적인 느낌이 든다.

한국에서 가져가는 짐 때문에라도 우리는 먼저 파라과이를 가야 했다. 그래서 브라질에서 시차 적응을 끝낸 후에 우린 파라과이 아순시온으로 향하는 비행기를 탔다. 이젠 좀 이곳 시차에 적응한 것 같다. 리우데자네이루에서 아순시온까지 가는 직항이 없어서 이때도 비행기를 갈아탔다. 먼저 1시간 비행을 거쳐 상파울루에 도착했다. 야간에 비행기를 탔는데 착륙할 때 보이는 상파울루의 야간 불빛들은 장관을 이룬다. 아무래도 경제적으로 굉장히 활동이 활발한 곳이 아닐까 싶다. 상파울루에서는 공항에서 대기만 했다. 그리고 바로 우린 아순시온으로 향하는 비행기를 탔다.

타지에 갔을 때 누군가 공항에 마중을 나온다는 사실은

마음의 안정을 가져다준다. 생각해 보니 짧은 브라질 일정이었지만 입국에서부터 많은 일이 있었던 것 같다. 2시간의 비행 끝에 우린 드디어 아순시온 공항에 도착했다. 감격의 순간이다. 동생이 남미로 이민을 간다고 했을 때 평생 와 볼 수나 있을까 생각했었는데 이렇게 와서 재회를 한 것이다. 비록 일 년 만의 재회였지만 그래도 타지에서 보는 건 남다른 기분이 든다.

　이런저런 생각을 하며 설레는 마음을 가지고 있는데 우리의 짐이 나오지 않는다. 혹시나 했던 마음이 역시나로 바뀐 순간이었다. 딸은 옆에서 말한다. "분명 미숫가루 때문일 거야." 공항 직원들이 우리의 캐리어를 가지고 와서 뭐라고 하려는 찰나 어디서 익숙한 얼굴이 저 너머로 보인다. 아순시온 공항은 크지 않아 다행이었다. 짐 찾는 곳과 사람들이 기다리는 곳이 바로 코앞에 있었다. 동생이었다. 동생은 우리가 있는 곳까지 와서 공항 직원에게 명함을 주면서 스페인어로 뭐라고 설명을 한다. 절대 난 알아들을 수 없는 말이다. 그리고 우린 아무런 검열 없이 그곳을 유유히 빠져나올 수 있었다. 이것이 바로 아는 사람의 힘인가. 갑자기 든든해진다. 짐을 동생 차에 싣고 편하게 이동할 수 있었다.

"여기는 바다가 멀어서 생선이 비싸. 생선 비싸다고 멸치 같은 거 가지고 오다 검열에서 걸리면 돈 내야 해. 만약 돈 안 주면 그냥 압수해서 한국인들한테 팔기도 해."

이 대화만으로도 파라과이가 어떤 곳인지 짐작케 했다. 우리가 도착한 시간은 새벽 두 시 정도였다. 공항 주변에는 아무것도 없었다. 만약 아는 사람 없이 이곳에 새벽에 도착했더라면 난감했을 것 같다. 차를 타고 가는 길에도 깜깜해서 아무것도 볼 수 없었다. 그 흔한 불빛조차 찾을 수 없었던 길, 여긴 파라과이의 아순시온이다.

여행 생활자가 본 아순시온

이곳 아순시온에서 우리는 여행자이기도 하지만 단기 생활자이기도 하다. 막상 아순시온에 도착했을 때는 새벽이라 아무것도 볼 수 없었다. 아순시온은 공항에서 차로 30분 거리에 있었다. 비포장도로와 주택 단지로 형성이 되어 있어 그냥 시골 동네라고 생각했는데, 여기가 이 나라의 수도라고 한다.

파라과이는 자원이 풍부하다고 했다. 물이 많아서 수력 발전소로 인해 전기세 또한 싸다고 한다. 땅이 넓고 비옥한 것도 특징이다. 여름에는 40도를 오르내릴 정도로 한참 덥지만 겨울에는 또 우리나라의 겨울처럼 춥지 않다. 가을 정도의 날씨라고 보면 될까. 더운 날씨로 인하여 나무는 항상 아름드리하고 먹을거리가 풍부하다. 아순시온에는 우리나라의 고구마처럼 생긴 '카사마가'라는 열매가 있다. 땅속에서 자라는데 카사마가로 인하여 볼리비아와의 50년 전쟁에서 이겼다고 한다. 실제로 우리는 아순시온에 있으면서 어린 시절에 우리가 먹던 감자와도 같단 생각을 많이 했다.

연고가 없는 곳에 가면 철저히 우리는 여행자가 된다. 그런데 여기서는 아는 사람이 있으니 마음이 편하다. 살고 있는 사람의 시선에서 보는 여러 장소를 경험할 수 있어서 좋다. 동생이 시간이 될 때마다 우리는 외곽으로 나가기도 했다. 동생은 이민 온 지 1년밖에 되지 않아 명소를 파악하지 못했다고 했지만 그래도 아순시온에서 볼 수 있는 곳은 거의 다 다닌 것 같다.

하루는 남산이라 불리는 아순시온에서 제법 높은 곳이라는 장소에 갔다. 높은 장소라고는 했지만 그렇게 높다고 느껴지지는 않는다. 그래도 그곳에 가서 바라보니 저 멀리 지평선까지 보이는 것이었다. 높은 건물이 가로막지 않은 것이 특징이고, 또한 공기가 맑아서 지평선까지 볼 수 있는 것이다. 이 나라에 공장이 없는 것도 한몫한다고 했다. 공기가 맑고 살기 좋다며 동생이 이곳에서 사는 것을 만족하는 것 같아 나도 덩달아 기분이 좋다.

어쩌면 이 나라가 우리나라보다 더 깊은 역사를 가지고 있을지도 몰랐다. 책으로 봤을 때 보이지도 않던 것들, 그리고 만약 동생이 사는 나라가 아니었다면 들으려고 하지 않았던 것들이 있었을 것이다. 지금은 이 나라 이야기만 나와도 귀가 쫑긋해지는 건 역시 아는 만큼 보이는 것인가 보다.

우리가 있는 지역이 아순시온 전체가 아니었다. 우리는 차를 타고 도심으로 나간다. 그 나라의 역사와 문화를 알기 위해서 가야 할 곳은 박물관일 것이다. 동생은 우리를 박물관으로 안내했다. 땅이 넓어서일까? 세심하게 한땀 한땀 만든 수건에서부터 조각, 미술품, 사진 등을 보면서 이 나라의 발자취를 느낄 수 있었다. 어떤 가족이 3살 정도 되어 보이는 아이를 데리고 와서 관람하는 것을 보면서 아이들은 이것을 보면서 무슨 생각을 할까 궁금해졌다.

내가 본 아순시온이 전부는 아니었다. 박물관에서 나와 쇼핑센터로 갔다. 주차장부터 어마어마하게 크고 내부시설 또한 화려하다. 어딜 가든 여행자의 복장이었는데 여기서 여행자의 복장이 오히려 튀는 느낌이다. 시골 동네라고 느꼈던 마음이 싹 사라진 순간이다. 이런 건물들은 스페인 사람이 지은 거라고 한다. 그리고 중국인들로 인하여 공장이 세워진다고 했다.

동생은 말한다. 공장이 세워지면 공기는 안 좋아질 거라고… 어떤 일이든 일장일단이 있는 것 같다. 문명이 발달하면 자연이 파괴되는 것은 어느 정도 감수를 해야 할 테고, 자연 그대로를 고집하면 삶이 불편할 수도 있는 것이고… 난 조금 불편하더라도 있는 그대로의 자연이 좋은 사람인 것 같다. 그 모든 것들을 완벽히 다 충족할 수 있는 방법은 없을까?

파라과이에서 만난 사람들

생각보다 파라과이에 사는 한인들이 많았다. 난 궁금했다. 어떻게 우리나라 사람들은 이곳에 와서 정착할 생각을 했을까? 요즘에는 세계는 하나라 어디든 갈 수 있는 시대라고 하지만 옛날엔 이동이 어려웠을 텐데 말이다. 들어보니 국가에서 50년 전에 배를 태워 이민을 보냈다고 한다. 바로 이민 1세대라고 하는 사람들인가보다. 그때 한국인의 근성을 보여준 사람들. 어떤 사람들은 청바지를 들고 다니면서 팔아 부자가 된 사람들이 있고, 또 어떤 사람들은 MP3가 없을 때 그걸 선점해서 팔아 돈을 자루에 쓸어 담았다는 얘기도 들었다.

50년 전을 떠올려 본다. 그때는 6·25 전쟁이 나고 전쟁 후유증으로 먹고사는 걱정을 하던 시절이었다. 그때 지인분께서는 어린 나이에 서울로 상경하여 남산에서 가랑잎 덮고 지내며 공부했다고 했다. 어떻게든 잘살아보려고 모진 고통을 이겨내며 가족들까지 서울로 올라오게 할 수 있었다고 했던 이야기가 종종 떠오른다. 그때만 해도 서울로 가면 부자가 되고 출세하는 줄 믿었다. 그때를 생각하면 지금의 한국은 정말 많이 발전했다.

  동생 내외 덕에 일찍부터 한국을 떠나 이민 와서 이곳에 사는 사람들을 많이 만날 수 있었다. 어느 날은 나이 지긋하신 부부께서 우리에게 호텔에서 점심으로 일식을 사 주셨다. 그들의 이민 스토리를 듣는 게 참 재미있었다. 어떻게 이민을 오게 되셨냐고 하는 질문에 그들은 이렇게 말했다.

  "80년대에 한국에 전쟁이 난다는 소문이 돌았어요. 그때 시어머니가 소리소문없이 이민을 오셨어요. 그때 어머니를 수소문하다가 알게 되어 우리도 오게 됐죠."

  전화 사정도 열악한 시절이었는데, 연락이 되었다는 게

신기하다며 그렇게 아르헨티나로 이민을 와서 남미의 이곳저곳을 거쳐 지금은 파라과이에 정착했다고 한다. 그리고 같은 남미라고 하더라도 나라별로 외모가 천차만별이라는 소리도 덧붙였다. 아직 우린 남미는 여기서 시작이라 '어떻게 다를까?'를 생각하며 그마저도 기대가 됐다. 무엇보다 한국에서 좋은 대학을 나온 사람들이 이민을 와서 식당 사업을 하면서 "내가 여기서 밥 볶으며 살려고 S대 나왔지!" 하는 유머 섞인 말까지… 30년의 이민 역사 속에 임팩트 있는 에피소드만을 골라 들려주는 얘기에 쏙 빠져들어 시간 가는 줄을 몰랐다.

그리고 또 어느 날은 더운 날씨에 갑자기 팥빙수가 생각이 났다. 그래서 올케에게 여기도 혹시 팥빙수를 하는 곳이 있냐고 물어봤더니 있다며 우리를 그곳으로 인도했다. 젊은 한국 부부가 운영하는 곳이었다. 팥빙수와 아이스크림 카페였는데, 이제 막 오픈 예정이라 바쁜 듯 보였다. 이곳의 겨울은 우리나라처럼 춥지 않아 눈을 볼 수 없다. 한쪽 벽면 가득 찬 눈 사진은 보는 것만으로도 시원함을 느끼게 했다.

이분들이 이곳에 오게 된 이유 또한 특이했다. 받을 돈이 있어서 그 사람을 찾아서 이곳까지 왔다가 이곳에 정착하게 되었다고 한다. 처음에는 파라과이가 어디에 있는지도 모르고 무작정 돈을 받겠다는 생각으로 이곳에 왔다고. 받을 돈이 얼마냐고 물어봤더니 액수가 좀 크다고 한다. 커봤자지 생각하고 있었는데 20억이란다. 진짜 억 단위니 이건 어떻게 해서라도 받아야 했기에 여기까지 왔다고. 카지노를 하던 사람이라고 했다. 그런 사람에게 어떻게 돈을 받느냐고 했더니 그 사람은 집도 있어서 받을 가망성이 있다고 한다. 그래서 지금 소송 중에 있다고. 문득 궁금하다. 그분들 돈을 잘 받았을까.

또 어떤 여행사를 한다는 청년을 만나게 됐다. 4살 때 이곳으로 이민 왔는데 아르헨티나에서 8년을 살고, 미국에서 8년을 살았다고 한다. 다양한 나라에서 살다 보니 이곳 파라과이가 자신에게 맞고 너무 살기 좋다고 한다. 무엇보다 사람들이 선하고, 공기도 좋고, 자원이 풍부해서 이만한 곳이 없다고 했다.

파라과이 사람들은 볼리비아를 많이 언급했다. 아무래도 오래전에 있었던 전쟁 때문인가보다. 그러면서 아쉬움을 덧붙인다. 볼리비아와 전쟁할 때 조금만 더 밀고 나가도 됐다고 말이다. 그러면 석유, 가스, 광산이 풍부하게 묻혀 있는 땅도 파라과이 차지가 되었을 수도 있다고 했다.

이 이야기를 들으면서 난 전쟁에 대한 부분을 다시 생각했다. 전쟁을 꼭 해야만 하는 걸까? 자신의 것을 지키기 위해서, 또는 빼앗기 위해 전쟁을 하지만 그땐 희생이란 것을 치루지 않을 수 없다. 어쨌든 힘을 가지기 위한 인간의 욕구라고도 할 수 있을 것이다.

인생은 언제나 선택의 순간들로 이루어진다. 그 선택을 하게 한 동기, 그리고 행동이 있기에 자신도 모르게 삶이 바뀌어져 있지 않나 싶다.

자카르타, 거기가 어디야?

아순시온의 대통령 궁 앞으로는 강이 흐른다. 우리나라로 치면 국회의사당과 한강 정도의 뷰라고 할까. 어느 나라든 대통령 궁은 화려한 느낌일 줄 알았는데 이상하게 여기는 그렇지 않다. 그 답을 동생이 주었다. 대통령 궁 옆으로 판자촌으로 형성된 작은 마을이 있는데, 이 나라의 경찰들도 건드리지 못하는 마을이라고 했다.

"들어가는 길은 있어도 나오는 길은 없는 곳이야." 그 말인즉 자신들의 삶의 터전에 외부인들을 들여놓지 않겠다는 선포인 것이다. 그들은 칼과 총과 폭탄까지 소유하고 있다고 했다. 말로만 들으니 굉장한 무서운 곳이란 생각이 든다. 정부에서도 손을 못 쓰는 곳이라고 하니 말이다.

이곳에서 일어나는 범죄 대부분의 소행은 이 지역 출신이라고 했다. 그렇기에 자카르타에 산다고 하면 취직이 안 되는 건 당연지사. 하지만 이들은 일을 해서 돈을 벌려고 하기보단 다른 사람들의 것을 도둑질하고 빼앗으면서 생계를 꾸려나간다고 했다. 지대가 낮은 곳에 있어 비가 많이 오면 물에 잠긴다고 한다. 그런데도 그들은 그 지역을 떠나지 않는다. 물에 잠겨 살 수 없을 때 잠깐 나가서 살더라도 다시 그 마을로 돌아온다는 것이다. 들어보니 그 지역에서 살면 전기와 수도세는 안 내도 된다고 했다. 그 이유일까. 그들을 그냥 그곳에 머물게 하는 힘이.

말로만 들으면 무서운 그 지역의 사람들과 동생이 연고를 맺은 것은 한 선교사님을 만나면서부터이다. 그 선교사님은 동생이 이민을 와서 집을 구하는 중 처음에 만난 사람이라 했다. 그리고 만남이 연이 되어 자카르타 지역에 동생이 의료 봉사를 가게 되었다. 아, 동생은 치과의사이다. 그래서 그 이후부터 자카르타 사람들은 동생을 '독토르'(doctor)라고 부른다고.

그런데 얼마 후, 동생이 자카르타에 의료 봉사를 가서 보호를 받게 된 에피소드가 생긴다. 동생이 어느 날 한국 손님들과 함께 밤늦게까지 식당에 있었던 적이 있는데… 그들은 밤늦게 식당에서 나오는 사람을 타켓으로 범죄를 저지른다고 했다. 이곳에서는 한국 사람들이 부자라는 소문이 있어 한국인을 노리는 범죄가 자주 일어난다. 그날도 어김없이 가게 앞에서 기다리던 그 사람들이 동생의 얼굴을 보고 독토르는 안 된다고 하면서 다른 곳으로 갔다고 한다.

한번은 그곳에서 동생이 치과 개업을 하고 좀 지난 시점에서 일어난 일이다. 치과에 모자를 쓴 사람 셋이 들어왔는데 이상한 느낌이 들어 경찰에 신고했다고 한다. 보통 이들은 네 명이 짝지어 다니며 한 사람은 바깥에서 망보고 세 사람은 안으로 들어와서 돈을 털어간다. 그들은 그걸 눈치채고 서로 연락 후에 사라졌다.

그 후 동생은 자카르타 추장한테 연락했더니 추장이 오토바이를 타고 즉시 달려왔다고. 카메라에 찍힌 얼굴을 보여줬더니 추장은 자신 있게 말하더란다. 자카르타인들이 아니고, 브라질 아니면 볼리비아 사람들이라고 했다. 자카르타인이 독토르에게 그런 짓을 했다면 절대 용서하지 않는다고 하면서.

다른 사람들에겐 못되게 하더라도 자기 사람이라 생각하면 끔찍이 챙기는 그들에게서 의리가 보였다. 다행히 동생은 그렇게 보호를 받을 수 있었다. 어떤 만남이든 소중하지 않은 만남은 없는 것이다. 그래도 그들이 다른 사람들에게 해가 되는 일은 하지 않았으면 하는 바램을 가져본다.

아무나 들어갈 수 없는 그곳에 가다

그 무섭다는 자카르타 지역에, 외부인들을 배척하는 그런 곳에 교회를 세운 분이 계시다. 바로 위에서 언급한 선교사님이다. 동생이 이곳에 이민을 와서 집을 구하다가 알게 된 분인데, 수염을 덥수룩하게 기르시고 체격이 좋으신 분이었다. 선교사님을 처음 만났을 때 내가 느낀 첫인상이었다. 웃음소리도 호탕하시며, 유머가 있으셔서 만남 가운데 대화를 하는데 지루할 틈이 없었다.

나는 타지에서 이렇게 살거나 사역을 하고 있으면 무엇보다 오게 된 동기가 궁금하다. 역시 선교사님도 자신의 스토리를 읊어 주셨다. 이야기를 하다 보니 선교사님은 딸의 대학 선배이시기도 했다. 선교사가 되기 전에는 흥이 많은 '딴따라'였다고 선교사님이 직접 말씀하신다. 세상 자기 마음대로 살았다고.

배우로 활동을 하다가 악기를 판매하는 사업을 했는데 그때도 밤무대를 뛰어다니며 술을 많이 마셨다고 한다. 매일 그렇게 흥청망청 살다 보니 위에 빵구가 났는지 굉장히 많이 아프셨다고. 그때 정신을 차리고 보는데 사람들이 앞에 앉아 노래를 부르고 있었는데 그 노래가 복음성가였나보다. 그때 선교사님은 '만약 하나님이 계시다면 절 낫게 해 주시고, 술을 먹지 않게 해주세요.'라고 기도를 했다고 한다. 그 후에 건강을 되찾고 술을 마시려고 하는데 술이 몸에서 안 받았다고. 그런데 마음속에서 갑자기 성경이 읽고 싶었다고 했다. 공부라면 질색팔색을 하던 자신인데 말이다. 그렇게 성경을 읽다가 신학을 공부하게 되었고, 바지 세 개의 엉덩이 부분이 찢어질 정도로 앉아서 공부했다고. 역시나 화끈하신 분인 것 같다.

그렇게 선교사로서 사역을 하게 되었고, 첫 사역지는 호주였는데 감당이 안 되는 청소년들을 위한 일을 하셨다고 했다. 그 후에는 중국에 가서 학교에서 사역을 했고, 중국에서의 안정적인 생활을 접고 부르심을 따라 이곳 파라과이까지 오게 되었다고. 그의 글로벌한 인생사에 빠져들어 들으면서 어떤 사건을 통해 사람은 자신이 누구인지 깨닫는다는 것, 그리고 그 경험으로 인해 자신의 인생이 완전히 바뀔 수도 있다는 것이다.

선교사님이 학창 시절에 친했던 친구가 있는데 그 친구는 신앙심이 매우 좋았다고 한다. 고등학교 때 미션스쿨에 다니면서 친구가 기도할 때나 성경을 볼 때 항상 장난을 치셨다고 하는데… 세월이 지나고 그 친구와 막걸리를 마시면 그 친구가 이런 말을 한다고 한다. "나는 이렇게 현대 부품 판매 사업을 하게 해 놓고, 넌 선교사냐?"라고.

어쩌면 이러한 다양한 경험으로 인해 선교사님께서 이 자카르타 지역의 사람들을 품으시는지도 몰랐다. 우여곡절 끝에 교회를 세웠다는 자카르타 지역에 우리는 차를 타고 들어갔다. 경찰도 무서워 들어가지 못한다는 동네 입구 한쪽에 차를 세워놓고 교회를 향하여 걸어갔다. 판자로 하늘을 가리운 곳에서 사람도 살고, 돼지와 닭도 있고 개들도 있었다. 골목 안으로 생활 하수가 흐르고 있었는데 물은 시궁창이 되어서 냄새에 코를 저절로 막게 된다. 이곳은 강을 끼고 있는 아주 좋은 땅이라서 앞으로 정부가 이 동네는 시세에 맞는 돈을 지불하고 계발할 계획이라 하는데 언제쯤 이루어질 수 있을지 궁금하다.

십자가가 보이는 건물로 가니 점심시간이라 아이들이 그릇을 가지고 와서 줄을 서 있다. 임신한 사람도 보이고 아이를 안고 그릇을 들고 서 있는 엄마도 보인다. 찌그러진 양철 들통에 들어 있는 식량을 배급 주듯이 주면 받은 그릇을 들고 각자 집으로 갔다. 선교사님은 매일 이렇게 점심을 해서 나눠 준다고 했다.

아이들에게 식사를 주고 나서 우리는 교회를 둘러보았다. 교회는 완성되지 않은 것 같았다. 교회 뼈대는 세우고 지붕까지 가렸는데, 아직 문도 없고 벽도 없었다. 돈이 없으면 멈췄다가 다시 정비하고 일을 한다고 했다. 또 이곳에 아이들을 위해 도서실을 만들고, 학교를 세울 예정이라고 했다. 아이들을 위해 이렇게 사역하시는 두 내외를 보면서 절로 기도가 나왔다. 교회 구경까지 다 마친 다음에 우린 걸어서 이 마을을 둘러 보기로 했다.

여기저기서 아이들이 천진난만하게 웃으며 인사를 한다. 또 아이들이 아이를 업고 물건을 파는 모습도 보인다. 이 지역에 사는 사람들은 무서울 거라는 나의 생각을 과감하게 깨 주었다. 우리나라의 버스 정류장 가판대 같은 곳으로 선교사님은 간다. 이곳이 이 마을의 슈퍼마켓이라고 한다. 거기서 선교사님은 과자를 사서 우리에게 나눠 주었다.

내 눈에는 너무나도 선하게만 보이는 이 마을의 사람들. 왜 밖에서는 이 마을을 그렇게 무섭게 포장해 놓았을까 궁금해진다. 또한 우리가 사는 환경의 중요성에 대해서도 생각을 해 본다. 사람이 환경을 만들어 갈 수도, 환경이 사람을 만들어 갈 수도 있는 것이 아닐까.

자연이 만든 예술작품, 이과수 폭포

　세계 3대 폭포라 불리는 곳이 있다. 나이아가라 폭포, 이과수 폭포, 빅토리아 폭포이다. 예전에 난 패키지여행으로 나이아가라 폭포를 보고 왔다. 옥 색깔을 내는 맑은 물이 폭포가 되어 떨어지던 풍광이 생각이 난다. 우비를 입고 배를 타고 피부에 좋다며 폭포가 떨어질 때 물보라를 맞던 기억이 떠오른다. 여기서 가까운 곳에 세계 3대 폭포인 이과수 폭포가 있다고 한다.

　동생이 일을 하지 않는 휴일에 우리는 이과수 폭포를 보기 위해 집을 나섰다. 그런데 집을 나선 시간은 새벽 3시 30분. 차를 타고 가면 6시간 정도 걸린다고 하여 우리는 개장 시간에 맞춰 가려고 그 시간에 출발한 것이다. 올케는 도시락을 준비한다고 까만 밤을 하얗게 새우고 김밥을 쌌다. 그 모습에 난 감동이 되었다. 겨울이라 해도 영하로 내려가지 않는 기온인데, 새벽이라 찬 기운이 느껴졌다. 잠이 부족해 가는 차 안에서 눈 좀 붙이려 했는데, 이미 깨어버려 잠이 오지 않는다. 대신 동생과 올케는 파라과이에 처음 와서 보고 들었던 일에 대해 말을 해 주었다.

올케는 말한다. 이 나라는 경찰도 믿을 수 없다고. 이곳에 사는 어떤 사람이 대문을 여는데 난데없이 누군가 얼굴에 병을 던졌단다. 그래서 얼굴에 타박상을 입고 경찰에 신고해서 조사를 하러 경찰이 집에 왔다고 한다. 그런데 범인을 잡기는커녕 집에 있는 돈만 도둑 맞았다고 한다. 경찰이 가져갔다면서 이 나라에선 그 누구도 믿을 수 없다고 한다. 법과 상식이 통하지 않는 나라라고도 했다.

그리고 이 나라는 은행 제도가 좋지 않다고 했다. 그래서 사람들이 돈이 생기면 은행에 맡기기보단 집안의 비밀 창고 같은 곳에 돈을 모아둔다고 했다. 올케가 아는 사람이 자신의 집 천장에 돈을 차곡차곡 모아 놓았는데 그 집의 식모가 남자친구에게 정보를 제공해서 그 돈을 가져갔다고 했다. 이건 범인이 분명했기에 결국 식모는 구속되었는데, 남자친구는 잡히지 않았다고 했다. 결국 이곳에서 살려면 자기가 자기를 보호할 수밖에 없는 것이다.

이런저런 이야기를 하다 보니 도로 위로 해가 뜨는 게 보이고, 우리는 어느새 브라질 국경을 건너고 있었다. 한 나라와 나라를 이렇게 차로 다닐 수 있다니 신기했다. 우리는 다른 나라로 가려면 비행기나 배를 타야 하는데 말이다. 그래도 뻥 뚫렸던 도로는 국경에서는 많은 차로 기다려야 했다.

한국 사람들이 이곳에 와서 사업적으로 성공한 사람들이 많다고 했다. 그래서 언제나 이 나라의 강도들의 타겟이 된다고 했다. 좋은 차를 타고 다니면 무조건 표적 대상이라고도 했다. 강도들은 부자들의 차 번호까지 외워서 공격하는 치밀함을 발휘한다. 공격하기 좋은 곳은 이런 국경에서의 도로 위이고 그들은 조직적으로 움직인다고 했다. 우리나라에서는 좋은 차를 타고 다니면 안전하다고 생각하는데, 이곳에서 좋은 차를 타고 다니는 건 언제나 위험이 가득한 일이라 하니 참 아이러니하다.

동생이 아는 어떤 한국 사업가의 일화인데 그 사업가는 이곳에 와서 무역으로 돈을 많이 벌었다. 이곳의 강도들이 그 사업가가 현금을 차에 많이 가지고 다닌다는 정보를 입수했고, 도로 위에서 신호가 걸렸을 때 강도들이 달려들어 차 문을 열고 총을 들이대며 위협했다고 한다. 뒤에 오던 차가 앞차의 그 모습을 보고 그대로 질주하였다. 열려있던 차 문이 비록 나가떨어졌지만 그래도 다행히 생명도 부지하고 돈도 지킬 수 있었다고 한다. 정말 그 뒤 차가 생명의 은인이라는 말을 했다고.

　그 뒤에 그 사업가는 차 번호도 바꾸고, 창문을 방탄유리로 바꾸고 만반의 준비를 했다고. 그런데 강도들이 어떻게 알고 또 공격을 했다. 문 열라고 했을 때 문을 열지 않으니까 쇠파이프로 유리를 쳤는데 유리가 깨지지 않고 쇠파이프가 튕겨 나갔다. 그러니 강도들이 줄행랑을 쳤다고. 들으면서 이런 일이 실제로 일어나는구나, 정말 서부 영화에 나오는 한 장면 같다는 생각을 했다.

　심심할 틈도 없이 이과수 폭포에 우린 드디어 도착했다. 이과수 폭포는 브라질과 아르헨티나를 끼고 있어서 아르헨티나에서도 보러 올 수 있다고. 그런데 아르헨티나에서 국경을 넘으려면 파라과이보다는 좀 더 까다롭단다.

우리는 주차장에서 미리 준비해 간 김밥을 아침으로 먹었다. 이 나라에서 김밥을 싸 와서 먹으니 한국에서 소풍가던 기분이 났다. 폭포를 보려면 입구에서 한참 들어가야 한다. 국립공원에서 운영하는 버스를 타고 안으로 들어갔다. 폭포가 조금씩 모습을 드러내더니 광활한 대자연의 경관이 한눈에 들어온다. 그동안 이곳에 비가 한 달이 넘게 왔다. 그래서 오늘 물 수위가 최고라고 했다. 비가 온 뒤라서 그런지 폭포는 옥색이 아닌 흡사 카라멜을 섞어 놓은 것 같은 황토색을 띠고 있었다. 하지만 그 자체로도 예술이었다.

우리는 폭포를 가까이서 볼 수 있는 곳까지 걸어서 갔다. 우비를 준비하여 입고 온 사람들도 있었지만 우리는 그냥 걸었다. 물보라를 가까이서 맞다 보니 이슬비를 맞고 있는 것 같다. 구름 한 점 없는 하늘에서 쏟아지는 햇빛과 떨어지는 물이 만나니 무지개가 형성된다. 내가 가는 대로 무지개가 따라다니는 것 같다. 나이아가라 폭포가 내게 주는 의미가 '나이야! 가라!'였다면 이과수 폭포가 나에게 주는 의미는 무지개가 따라다니니 행운이 따라다닌다는 것이었다. 힘차게 떨어지는 물줄기로 인하여 그 물보라가 수증기가 되어 하늘로 올라가며 구름을 만드는 것 같았다.

이 모든 것들이 인공적으로 만들어진 것이 아닌 대자연이 그대로의 모습으로 웅장함을 가지고 있다는 황홀 그 자체였다. 그 황홀함을 온몸으로 느끼다 보니 우리는 어느새 이슬비를 맞아 물찬 제비 같았다. 그래도 날씨가 좋아서인지 금방 말랐다.

돌아오는 길에 차창 밖을 보았다. 끝을 알 수 없게 펼쳐진 초원엔 옥수수와 밀이 자라고 있다. 내가 어릴 때 비행기로 씨앗을 뿌린다고 했는데… 그 말이 갑자기 기억이 났다. 우리나라가 일본의 식민지로부터 해방되어 8·15 광복절을 기념하는 날이 있었는데… 오늘이 이곳 파라과이에선 볼리비아와 50년 전쟁을 하고 승리를 기념하는 국가 공휴일이라 했다. 이런 특별한 날에 특별한 폭포를 볼 수 있어 감사하다. 자, 이제 세계 3대 폭포 중에 2곳을 다 봤으니 다음엔 나머지 한 곳을 보러 아프리카로 가볼까?

아르헨티나

웰컴 투 남미사랑

이과수 폭포를 끝으로 우리의 파라과이 일정은 마무리됐다. 파라과이에서 제일 오래 있었던 날이 되지 않았을까. 아무래도 다시 동생네 집에 와 보는 건 힘들 수도 있으니 말이다. 보름 정도 있다가 가려니 발길이 떨어지지 않는다. 그래도 우리는 다시 여행자의 신분으로 돌아가야 한다. 이제 편안하고 안락한 곳을 떠나야 하는 날이 다가왔다. 이날이 올지는 몰랐는데… 아르헨티나까지 버스를 타고 갈까, 비행기를 타고 갈까 수많은 고민을 하던 딸은 결국 나를 위해 비행기를 선택했다. 비행기로 2시간이면 가는 거리를 버스를 타면 12시간을 타야 하기 때문이다. 아직 여행에 적응이 되지 않은 나에 대한 배려라고나 할까.

아르헨티나로 떠날 날이 다가왔고 새벽 4시 비행기였기 때문에 우리는 전날 일찍 잠을 자고 새벽 2시에 일어나서 공항으로 갔다. 수속을 밟고 들어가는 우리를 동생내외는 보이지 않을 때까지 손을 흔들며 인사를 해 준다. 한국에서 태어나서 자라고 50여 년을 지내온 동생이 그 세월을 등지고 이곳으로 이민 와서 산다고 적응하느라 얼마나 힘들었을까 생각해 본다. 이곳에 올 때는 오직 동생을 본다는 설레는 마음이었는데, 떠나려니 여러 가지 마음이 들어 눈시울이 적셔진다.

공항에서 한참을 기다리다가 드디어 비행기에 탑승했다. 새벽 4시라 아직 밖은 어두컴컴하여 그 가운데 보이는 불빛이 아름답다는 생각이 든다. 저 불빛들이 내 동생의 안위를 지켜줄 거란 믿음을 가지며 우린 비행기에 몸을 맡기고 2시간이 지나 아르헨티나에 도착했다. 아르헨티나는 큰 도시이긴 한가보다. 입국 심사를 하는데 꼬박 3시간 정도, 비행기를 타고 온 시간보다 더 많이 기다렸던 거 같다. 이거 첫 느낌부터 별로인데 어떡하지?

드디어 우린 입국 심사를 마치고 아르헨티나 땅에 발을 디뎠다. 딸이 숙소까지 갈 수 있게 택시를 예약했다. 택시 타는 곳으로 가려는데 어떤 건장한 남자가 와서 가방을 들어주기에 친절한 기사인가 했다. 그런데 어느 정도 가다가 택시 앞에서 짐을 내려놓는다. 택시 안에는 기사가 앉아 있었다. 그리곤 그 남자 팁을 달라고 손을 내민다. 어이가 없었다. 팁을 주지 않으면 가지 않을 기세다.

차를 타고 공항을 빠져나왔다. 공항에서 숙소를 향해 가는 길의 차창 밖 풍경은 우리나라를 생각나게 한다. 우리를 숙소까지 태워다 준 기사는 아주 젊었는데, 차를 타고 오는 내내 말 한마디가 없었다. '남미사랑'이라고 하는 민박집에 도착해서 우리는 짐을 풀었다. 딸은 브라질 호텔에서 있었던 일을 생각해서 이제부터는 한국 사람들이 많은 한인 민박집을 다니자고 했다. 도착한 시간은 아침이었기에 우리는 숙소에서 밥을 먹고, 이미 남미에 시차 적응은 했기에 시내를 구경하려고 했다. 민박집 직원이 여행할 때 조심해야 할 점을 알려준다. "여권은 가지고 다니지 마세요. 그리고 아르헨티나엔 소매치기가 많아요. 여행자들을 한눈에 알아보고 도와준다고 하면서 다가오면 피하세요. 스프레이 같은 걸 뿌려서 소매치기를 할 수도 있어요." 오자마자 듣는 이런 말에 괜히 무서워진다.

그렇게 아주 조심하면서 시작된 아르헨티나의 부에노스아이레스. 아르헨티나는 18세기 중엽부터 236년간 스페인의 지배를 받으며 번영과 쇠락, 부흥과 몰락을 반복했다. 1976년에 독재 정권에 반기를 든 쿠데타가 일어났었는데 그때 수천 명의 사람이 행방불명되기도 했다. 부에노스아이레스는 '좋은 공기'라는 뜻이라고 했다. 하지만 그곳의 공기가 좋다고까지는 느껴지지 않았다.

큰 도로 한가운데 우뚝 서 있는 오벨리스크를 지나 공연장을 개조해서 만든 서점에 갔다. 그리고 계속 걸어서 이 나라의 공동묘지에 갔다. 아르헨티나의 어머니라 불리는 '에비타'가 묻혀 있는 곳이라 했다. 정원이 있고 특색 있게 정돈된 공동묘지를 보며 우리나라와 문화가 다르니 공동묘지 분위기도 다르다는 것을 실감할 수 있었다. 그곳에서 나와 조금 더 걷다 보니 미술관이 보인다. 미술관에 들러 고풍스러운 유럽풍의 작품을 관람했다. 그리곤 민박집에서 만난 청년과 함께 아르헨티나에서 유명하다는 공연을 보러 갔다. '푸에르자 부르타'라는 공연이었는데 좀 특이한 공연이었다. 다들 신나서 공연을 서서 관람하는데 나는 특별히 의자에 앉아서 배부른 임산부와 함께 공연을 관람했다. 다들 위를 쳐다보며 사진을 찍느라 바빴다.

이곳 아르헨티나에는 특별한 분위기가 있었다. 예술이 살아 숨 쉬는 공연을 보면서 난 이런 말을 떠올린다.

"예술은 세상을 아름답게 만든다. 세상을 아름답게 만드는 사람 역시 아름답다."

탱고의 나라를 이곳저곳 누비다

남미 사랑에 있으니 배낭 여행하는 청년들을 많이 만난다. 그동안 '깃발 여행(패키지여행을 가면 우린 깃발을 보고 졸졸 따라다닌다.)'만 하던 나는 이런 풍경들이 새롭다. 딸보다도 어린 친구들이 삼삼오오 몰려다니는 모습도 귀엽고, 그 친구들의 이야기를 듣는 것도 재미있다.

그날은 외출하고 돌아오다가 소파에 나란히 앉아 자고 있는 세 명의 여자 친구를 보았다. 너무 곤히 자고 있어서 그냥 지나쳤다. 어려 보여서 대학생들인 줄 알았던 그녀들은 직장인이었다. 직장에 다니다 그만두고 퇴직금을 타고 와서 남미 여행을 하고 있다고 했다. 또 거기엔 낮에는 한참 자고 밤에만 나가는 청년을 보았다. '여행까지 와서

왜 낮에 잠을 자는 거지?'라고 생각했었는데 나중에 들어
보니 그 친구는 미국에서 지금 유학 중인데 방학이 되어
서 두 달 동안 아르헨티나에 탱고를 배우러 왔다고 했다.
탱고는 모름지기 밤에 가서 배워야 제맛이라면서…. 아주
1년 동안 장기로 남미에 있는 장기 여행자도 있었다. 남
미 여행은 녹록치 않다 보니 이런 자유 여행은 아주 어린
친구들도 아닌 어느 정도 사회 경험 있고 여행을 해 본 젊
은 친구들이 많이 다니는 것 같았다. 아마도 나 같은 사람
은 '깃발 여행'을 하고 있을 것이다. 좀 힘들긴 해도 이런
친구들과 소통하는 것이 좋다.

　여행 정보를 모르더라도 사람들과 만나서 같이 여행을
할 수도 있다. 그때그때 계획이 달라지는 즉흥성에 적응
하면서 여행에 대한 유연성이 길러지는 것 같다.

　어제는 딸과 즉흥적으로 대통령궁에 갔다. 토요일이면
개방된다는 정보를 듣고 갑자기 가게 되었는데, 인터넷
예약만 가능하다는 것이었다. 그래서 결국 안에는 못 들
어가고 밖에만 보고, '꿩 대신 닭'이라고 했던가 대통령궁
뒤로 아르헨티나의 역사를 볼 수 있는 박물관이 있어 박

물관을 구경하고 왔다. 난 물론 무슨 소리인지 다 알 수 없었지만 말이다. 즉흥성은 이렇게 유연한 여행을 가능하게 하는 대신에 볼 수 있는 것을 놓치는 경우도 있으니 만약 꼭 가야 하거나 보아야 할 것이 있다면 미리 조사해서 계획을 세우고 여행을 하는 것도 좋을 것 같다.

남미 사랑에서 지나가다 며칠을 마주친 친구들과 함께 일요일에만 열린다는 산뗄모 시장에 가기로 했다. 지하철을 타고 가서 시장이 있다는 역에서 내렸다. 시장은 역에서 멀지 않은 곳에 있었다. 도로의 처음부터 끝까지 거리가 다 시장이라고 했다. 도로에 진열대를 가져다 놓고 물건을 파는 사람들. 우리나라에서는 볼 수 없는 물건들이 많다.

우리 일행 중에 남미에서 이민을 와서 산 청년이 있었다. 그 청년은 우리의 가이드 역할을 하며 현지인들과의 소통을 도맡아서 해주었다. 도로의 2/3 정도 왔나. 아주 유명한 커피숍이 있다고 한다. 100년도 넘은 커피숍이고 유명한 사람들이 많이 왔다 간 곳이란다. 여행자로서 이런 곳을 지나칠 수 없다며 모두가 만장일치로 커피숍에 들어간다. 역사 깊은 곳이라는 게 몸소 느껴졌다. 그리고 아르헨티나에 왔으면 소고기값이 저렴해서 맛있는 소고기를 먹어야 한다며 유명한 식당으로 우리를 안내했다. 나중에 이곳이 텔레비전 여행 프로그램에서 나오는 것을 보고 뿌듯함을 느꼈다. 고기도 먹어 본 사람이 맛을 안다고. 어떤 경험이든 해야 맛! 내가 그 집 고기 맛을 한번 봤거덩! 살살 녹는 스테이크 맛을 잊을 수가 없다.

아르헨티나는 탱고의 나라라고 했다. 도시 전체에 탱고가 시도 때도 없이 흐르는 부에노스아이레스! 강렬한 음악과 관능적인 춤으로 사람들의 시선을 잡는 탱고가 시작된 라보카 지역에 가자고 한다. 그곳은 좀 위험한 곳이라서 다 같이 가는 게 좋을 거라면서.

라보카 지역 까미니또에 가기 위해 우리는 나눠서 택시를 탔다. 그런데 택시 기사님이 영어를 못 알아들으시고 더듬더듬하는 스페인어도 통하지 않는다. 택시 기사님이 못 알아들어 내리라고 해서 우린 다음 택시를 탔다. 자기

나라의 언어를 쓰면서 산다고 하더라도 혹시 모르니 영어도 알아야 한다는 생각을 했다. 나도 그런 생각으로 몇 년 동안 영어를 배웠는데 생각은 나지 않지만 말이다.

우여곡절 끝에 우리 팀은 까미니또에 도착을 했고 먼저 도착한 친구들을 만나 곳곳을 돌아다녔다. 동네는 화려한 원색의 집들로 가득해 볼거리가 있었다. 여긴 이 마을에 살던 가난한 이민자들이 가까운 항구에서 쓰다 남은 페인트를 얻어 와서 집에 색을 칠하면서 이런 알록달록한 거리가 만들어졌다고 했다. 야외 테라스에 앉아 느긋하게 음악을 즐기고 여행자들도 보고, 여행자들을 위해 특별히 탱고를 추는 사람들도 보였다.

이날은 참 부지런한 하루였다. 그리고 어머님, 어머님 하면서 챙겨주는 청년들과 함께 다니니 재미있고 든든했다. 그리고 하루의 마지막은 탱고의 음악이 흐르는 곳에서 공연을 보면서 마무리한다. 무대가 열리면 영화 속 장면이 튀어나와 내 눈 앞에 펼쳐지고 있는 기분이었다. 미남미녀라고 해야 하나, 선남선녀라고 해야 하나… 남녀 쌍쌍이 추는 탱고는 나를 홀리고야 말았다. 탱고의 강렬한 음악과 관능적인 춤의 탱고에 취해 난 밤이 깊어가는 줄도 몰랐다.

칠레

24시간 버스 도전기

한국에서 지금까지 비행기를 몇 번 탔나 세어보니 6번이다. 앞으로 얼마나 더 비행기를 타야 할까. 이 넓은 땅덩어리를 누비려면 말이다. 딸은 이제 슬슬 버스 여행도 적응해 봐야 한다면서 아르헨티나에서 칠레까지는 버스를 타자고 했다. 내가 뭐 아는 게 있어야지 선택을 하지. 모든 선택은 딸에게 맡길 뿐이다.

드디어 정들었던 남미 사랑을 뒤로 하고 칠레로 떠나는 날이다. 오전에 숙소에서 한식으로 밥을 먹고 사람들과 인사를 하고 우린 밖으로 나왔다. 터미널까지 택시를 타고 갈 예정이었기 때문에 여유가 있다고 생각했다. 그런데… 정류장에서 10분이 지나고, 20분이 지나도 차는 올 생각을 하지 않는다. 심각한 교통체증이었다. 난 아무 생각 없었는데 마음이 조급해진 딸이 다른 곳으로 가서 차를 타야겠다고 한다. 부에노스아이레스 시내에 무슨 일이 생기긴 했나 보다.

걱정했던 것과는 달리 우린 버스 정류장까지 여유있게 도착을 했다. 기다리다가 버스 시간이 되어서 2층 버스에 몸을 실었다. 이 차를 타고 24시간을 가야 한다고? 그래도 어려울 거 같지는 않았다. 앉았다 누웠다 할 수 있고 내가 움직이는 게 아니니까. 그래도 한 자세로 오랜 시간 앉아 있는 것은 힘들긴 하겠다. 오랜 시간 버스에서 버틸 수 있게 난 최대한 편안한 자세를 취한다. 그래도 2층의 앞자리라서 풍경도 감상할 수 있고 다리도 뻗을 수 있다.

드디어 버스가 출발한다. 차창 밖으로는 부에노스아이레스 건물 풍경이 보인다. 한참 건물을 지나니 도심을 벗어났는지 광활한 영토가 펼쳐진다. 환한 대낮에 버스를 탔던 우리는 버스 안에서 밤을 맞았다. 24시간을 타고 가니 버스 안에서 때가 되면 식사도 준다. 자다 깨기를 반복하다 보니 어느덧 깜깜했던 바깥 풍경이 환해지는 게 느껴진다. 하루가 꼬박 지났나보다. 동이 트면서 멀리 보이는 눈으로 덮인 산과 가까이에 돌산이 보인다. 국경이 가까워졌다는 생각이 든다. 어느 순간 차가 속도를 내지 않는다. 창밖을 보니 차들이 줄지어 온다. 아무래도 국경에 왔다는 생각이 든다.

국경에서 차에 타고 있던 승객들은 모두 내려 입국서를 써야 한다고 했다. 그리고 짐 가방을 내려 검사대에 올려 놓는다. 그런데 가방 검사를 기계가 하는 것이 아니라 개들이 와서 한다. 개가 가방에 코를 대고 냄새를 맡아 이상이 있는 가방을 구별하는 것이다. 개를 보면서 옛날에 어른들이 개는 명물이라고 하시던 말이 생각난다.

입국 신고서와 여권 검사와 가방 검사까지 다 하고 나서 우리는 다시 버스에 올라탔다. 버스는 산등성이를 굽이굽이 넘어간다. 눈산이다. 땅이 넓어서 그런지 이 안에서 우린 봄, 여름, 가을, 겨울을 다 맞는 거 같다. 버스가 설산을 오를 때는 몰랐는데 내려가는 걸 창밖으로 보고 있으려니 우리가 굉장히 높이 있다는 걸 느낀다. 꼬불꼬

불한 길이 아슬아슬하게 보인다. 국경을 넘는 길이 이렇게 높을 줄이야. 버스를 타고 처음 나라와 나라의 국경을 넘어보는 것 같다. 눈이 내릴 때 이 국경은 막힌다고 했다. 그럼 다시 왔던 길을 돌아가야 하는 건가? 여하튼 눈이 내릴 땐 버스를 가급적 타면 안 될 것 같다.

산 풍경이 너무 좋다. 그래서 산을 쳐다봐도 고개가 아프지 않은 느낌이다. 돌이 우뚝 서서 산을 이룬 곳에 눈이 쌓여 하얀 떡가루를 뿌려 놓은 것만 같다. 하얀 산에서 스키를 타는 사람들도 보인다. 사람들의 손길이 닿지 않는 곳이 없다는 생각이 든다. 바깥의 풍경을 감상하면서 마음의 상념에 젖어 시간 가는 줄 모르고 있었는데 어느덧 칠레 수도인 산티아고에 도착했다.

세계에서 가장 긴 나라 칠레. 그렇기에 우린 이곳에서 아주 다양한 풍경을 마주한다. 칠레는 빙하에서부터 광활한 사막까지 다양한 자연환경을 가지고 있다. 따뜻한 기온과 풍부한 강수량 덕에 과일과 채소가 잘 자라고 수산물도 풍부해서 먹을거리가 많다고 한다. 군부 쿠데타가 있었고, 급격한 경제 성장이 있었다고 하니 우리나라와 여러모로 닮은 점이 많은 것 같다. 사람 살기에도 좋을 것 같다는 생각이 든다.

버스에서 내리자마자 사람들이 일제히 소리를 지른다. 우리를 환영해 주는 소리인가 했더니 사람들이 한 곳을 향해 어딘가 빠져 있다. 바로 텔레비전이었다. 오늘은 축구 경기가 있는 날이라고 했다. 온 세계 남자들이 만약 축구가 없었다면 무슨 낙으로 살았을지 상상이 되지 않는다. 또 그들을 하나 되게 하는 무언가가 있었겠지. 이곳에서도 당연히 우린 한인 민박에 머무를 예정이다.

평생 잊을 수 없는 망고주스의 맛

여행은 대부분 보는 것과 먹는 것으로 채워진다. 거기에 사람들을 만나는 것까지… 산티아고 민박집에서 아르헨티나에서 만났던 친구를 또 만났다. 아르헨티나에서 같이 산뗄모 시장에 갔던 친구이다. 칠레 산티아고 자체는 특별한 게 없을 것 같은 느낌이다. 딸과 그 친구는 산티아고 시내를 돌아보겠다고 했고 나는 숙소에서 쉬었다.

그리고 다음 날, 우린 산티아고에서 버스를 타고 2시간 정도 가면 되는 '발파라이소'에 가기로 했다. 산동네라는 말에 힘들 것도 같았지만 내 마음을 끌어당기는 무언가가 있어 선뜻 가겠다고 나섰다. 우리는 운 좋게 또 2층 버스 맨 앞자리에 탈 수 있었다. 2층 앞자리는 풍경을 볼 수 있어서 좋다. 버스를 타고 가는 길에는 와인의 도시답게 포도밭이 좌악 펼쳐져 있었다.

버스에서 내려 우린 바닷가 근처로 가서 시내 구경을 했다. 발파라이소는 우리나라의 부산 항구 같은 느낌이었다. 2003년에는 유네스코 세계 문화유산으로 지정된 곳이라고 한다. 항구에 있다가 우리는 시내 쪽으로 발걸음을 옮겼다. 교통수단을 타고 전망을 볼 수 있는 곳으로 가려고 찾아 헤맸는데 계단만 보이고 안 보이는 것이다. 덕분에 계단 곳곳에 있는 그림을 볼 수 있었지만.

벽에 그려져 있는 그래피티를 보고 있으려니 생각나는 곳들이 있었다. 아르헨티나에서 갔던 까니미또 지역이 닮아있단 생각이 들었고, 우리나라에선 통영에 있는 동피랑과 비슷한 느낌이다. 항구 도시들이 가진 특색인가 하는 생각을 하게 한다. 이곳 또한 가난한 항구 도시였는데 이런 그림으로 인해 동네가 유명해졌다고 한다. 그리고 오히려 장기 배낭여행자들은 산티아고보다는 이곳을 더 매력적으로 느낀다고 했다. 벽에 그린 그림들을 구경하면서 걷다 보니 어느덧 전망대에 다다랐다. 높은 곳에서 보는 풍경, 그리고 바다는 언제나 마음을 편안하게 한다. 우리는 전망대에서 한참을 있다가 택시를 타고 파블로 네루다가 살았다는 집에 갔다. 언덕에 위치하고 있었다.

파블로 네루다는 노벨 문학상을 받은 시인이다. 칠레 곳곳에 네루다의 집이 있었는데 발파라이소에 있는 집은 네루다가 세 번째 부인인 마틸다 우르띠아와 함께 살았던 집이라 한다. 산티아고 생활에 싫증이 난 네루다는 그의 친구에게 발파라이소에 작은 집을 구해 달라고 요청했다. 조용히 글쓰기에 적합하면서 크지도 작지도 않은, 또한 너무 높거나 낮지도 않은 그런 집 말이다. 그 집이 바로 이곳이었고, 바다가 보이는 풍경 좋은 그곳에서 글을 쓰면 글이 절로 나오겠다는 생각이 들었다.

파블로의 유명세 덕에 지금 파블로가 살았던 집은 여행자들을 위해 관광지가 된 것이다. 집 앞으로는 정원이 있었고, 높은 곳에 위치하고 있어 창문으로 보면 항구가 한눈에 내려다 보였다. 매일 아침 창문으로 바다를 볼 수 있는 집에 산다는 건 어떤 기분일까.

나는 오랜 세월을 바다가 없는 충청도에서 살았고, 지

금도 살고 있다. 아마도 난 그곳에서 계속 살 것이다. 환경에 따라 문화가 형성이 되고, 사람의 성격도 바뀔 수 있다는 생각을 한다. 특색있는 이 지역을 보면서 따라나서길 참 잘했다는 생각이 든다. 이제 우리는 다시 산티아고로 돌아가야 한다.

산티아고에 한국 사람이 하는 유명한 스시집이 있다고 했다. 오늘 고생했다며 그곳으로 가자고 한다. 딸은 옆에서 말한다. 여행하면서 이렇게 한국 사람들을 많이 만나고, 한국 음식만 찾아다닌 적은 없었다면서. 나 때문인가? 생각했는데, 그래도 좋다는 말을 덧붙인다. 예전에여행 다닐 때는 현지 음식에 적응하면서 여행 다니고, 한국 음식은 생각도 안 났는데 요즘에는 한국 음식이 제일이라면서 말하니 그래도 다행이란 생각이 든다.

한국어로 써 있는 정겨운 식당으로 가서 우린 자리를 안내받고 음식 나오길 기다리고 있는데 2층에서 내려오는 한 남자의 우렁찬 말소리가 들린다. 앗! 전라도 사투리다. 이 머나먼 칠레까지 와서 고향 사람을 만나다니 반갑다. 그래서 나도 모르게 말이 튀어나왔다. "젊은 오빠?" 그랬더니 "무슨? 오빠? 누님이구만." 하면서 센스 있게 받아친다. 사장님이었다. 사장님은 곧장 우리 테이블에 함께 앉아 한바탕 웃으면서 이야기꽃을 피운다.

나주가 고향인 사장님은 5·18 때 서울로 올라와 사업을 하다가 이곳까지 오게 되었다고 했다. 사장님은 칠레에서 사는 게 가장 좋다고 하셨다. 고향 사람이어서 그런지, 내가 누님이어서 그런지 사장님은 우리에게 특별 서비스를 주셨다. 딸과 친구는 물 건너오는 와인 말고 칠레산 맛있는 와인을 마시고 나는 술을 못하기에 가만히 있었더니 사장님은 기가 막힌 것이라면서 나에게 갖다 주었다. 망고주스였다. 그런데 한 입 마시는 즉시 기가 막힌 맛에 나도 빠져들었다. 정말 이 망고주스는 평생 잊지 못할 것 같다.

이런 작은 만남이 주는 기쁨, 그리고 맛있는 음식, 만나는 사람과의 대화로 우리의 진정한 여행이 완성된다.

세계는 하나, 사막 도시에서 기쁜 소식을

　요즘에는 와이파이가 되는 곳만 가면 휴대폰으로 금방 서로의 소식을 알 수 있다. 휴대폰이 나오기 전에 우리는 집 전화로만 소통하던 시절이 있었다. 그때를 생각하면 지금은 상상 이상으로 발전했다는 생각이 든다. 여행하면서 동생들과 소통을 하다 보니 '세계는 하나'라는 말이 실감이 난다. 파라과이에 있는 남동생과 한국에 있는 여동생, 그리고 지금 칠레에 있는 나까지… 오히려 여행을 하고 있는 지금 카톡을 통해 더 많은 소식을 전하고 대화를 하는 것 같다.

　오늘로 딱 집을 떠난 지 한 달이 되었다. 이렇게 내가 길게 집을 떠나 여행을 할 수 있을 거라 생각을 하지 못했었는데 내 자신이 대견스럽다. 떠올려 본다. 처음 브라질에 입국했을 때, 그리고 남동생이 있는 파라과이, 아르헨티나를 거쳐 지금은 칠레까지 왔다. 아르헨티나에서 칠레까지 한 번 버스 여행을 경험했기에 이제는 버스를 타도 두렵지 않다. 그런데 딸은 비행기를 선택했다. 칠레 북쪽에 있는 사막 도시인 아타카마로 이동한다고 했다. 택시를 타고 산티아고 공항으로 가서 던킨도너츠에서 커피와 빵을 먹는다. 익숙한 맛이다.

비행시간은 짧았다. 비행기가 뜬 거 같았는데 바로 도착한 기분이었다. 바깥 풍경은 평지였다가, 눈이 쌓인 산이었다가 곧 사막으로 변했다. 짧은 시간 비행기를 탔는데 유난히도 다리가 아팠다. 비행기에서 내리고 버스를 타고 한참을 들어갔다. 시골길이었다. 바깥에 불빛은 거의 보이지 않고, 밖은 깜깜했다. 버스는 우리가 예약한 숙소까지 데려다주었는데, 사람들을 다 내려주고 우리를 제일 마지막에 내려주었다. 숙소는 넓고 깨끗했다. 우리는 먼저 짐을 풀고 잠깐 쉬다가 동네를 구경하러 나갔다.

사막 마을이지만 나무도 심은 집도 있고 텃밭도 보였

다. 겨울이라 더 삭막한 느낌이 들었지만, 어디나 사람이 살게 마련이라는 생각을 한다. 이 마을에서 번화가라는 곳에 가니 골목에는 송아지만한 개들이 어슬렁거린다. 골목 양쪽으로 갖가지 상점들이 있었는데, 거주하는 사람보다는 여행자들이 더 많은 것 같았다. 저녁을 먹으려고 "뭘 먹어야 하나?" 고민하면서 식당이 보이지 않아서 헤매고 있던 찰나 나의 말소리를 들은 어떤 한국인이 우리에게 아는 체를 한다. 치킨과 감자튀김을 먹을 수 있는 곳을 알려준다. 세계지도에선 보이지 않아 찾기도 어려운 도시임에도 가는 곳마다 도움의 손길이 있고, 더구나 한국 사람을 만나니 동족애의 애틋함이 더해진다. 그쪽도 모녀가 여행 중이었다. 우리보다는 훨씬 더 어려 보였지만. 저녁을 맛있게 먹고 옆에 있는 분위기 있는 카페에 갔다. 산티아고 스시집에서 마셨던 망고주스가 생각나 얼른 망고주스를 주문한다. 그런데 영 아니올시다이다. 그때 먹었던 망고주스가 간절히 생각났다.

사막 도시여서 여긴 투어 상품이 있다. 밤에 별을 보는 프로그램에서 더 깊이 가면 온전히 사막을 느낄 수 있는 체험까지 다양하다고 했다. 딸은 혼자 내일 투어를 가겠다고 예약을 했고, 난 아무래도 쉬어야 할 거 같다고 했다. 내 몸은 내가 지켜야겠기에.

막 잠자리에 들으려 할 때였다. 대구에 있는 여동생한테 전화가 온다. 대뜸 축하 인사를 전하는 것이다. 그리고 이어 남동생의 목소리도 들린다. 이렇게 셋이서 통화를 할 수 있는 것이다. 아들의 진급을 축하한다는 것이다. 아들은 지금 육군 장교이다. 대위에서 소령으로 진급 발표가 난 것이다. 마음을 졸이고 있었는데… 너무 기뻤다. 멀리서도 이 좋은 소식을 금방 들을 수 있어 다시 한번 '세상 참 좋구나'를 실감하게 된다.

동생은 이어 말한다. 지금 한국은 폭우가 쏟아져서 난리라고 한다. 그런데 아이러니하게 여동생이 사는 대구는 비도 내리지 않고 폭염이라 했다. 그 작은 나라에서도 날씨가 그렇게나 달라지는데… 이 넓은 땅덩어리를 가진 남미는 가는 곳마다 계절이 다름을 실감한다. 그룹 콜로 이렇게 또 세 남매가 시간 가는 줄 모르고 대화를 나눈다.

밖의 정적을 깨고 들리는 개 짖는 소리는 우리 삼 남매의 어린 시절을 더욱 생각나게 했다. 사막 도시에서 한밤중에 들었던 기쁜 소식은 세월이 지나도 내 머릿속에서 지워지지 않을 것 같다. 전화를 끊고 난 아들에게 메시지를 보낸다.

'나는 네가 어떤 인생을 살든 너를 응원할 것이다. 그러니 아무것도 두려워하지 말고 네 날개를 마음껏 펼치거라. 두려워할 것은 두려움 그 자체뿐이다. 그냥 살아지는 것이 아니라 네가 살아내는 오늘이 되기를. 두려워 말고 네 날개를 맘껏 펼치기를 약속해. 네가 어떤 인생을 살든 엄마는 너를 항상 응원하니까.'

볼리비아

커피 압수

칠레 아타카마에서 국경을 넘어 볼리비아로 가는 버스
가 하루에 한 대 있다고 하는데 그 버스 시간은 새벽 3시
라 한다. 걱정거리가 있어도 잠은 오지 않는데, 어제 기쁜
소식에 들떠 잠이 올 리 없었다. 더구나 새벽 3시 전에 버
스를 타야 한다고 하니 거의 뜬눈으로 밤을 지새었다고
할 수 있다.

시간 맞추어서 버스 정류장으로 갔는데 정류장은 어떤
불빛도 새어나오지 않는다. 버스 정류장 앞에 하염없이
앉아 있다 보니 사람들이 하나둘씩 모인다. 드디어 버스
정류장에 불이 켜지고 버스가 시동을 건다. 우리가 그동
안 타고 왔던 뒤로 편하게 젖혀지는 그런 버스가 아니다.

낡디 낡은 버스를 타고 우리는 8시간을 가야 한다.

어떤 젊은 부부가 아이를 안고 탄다. 백일쯤 되어 보이는 아기는 버스가 달리는 순간부터 엔진소리에 장단이라도 맞추는 것처럼 울어대기 시작한다. 있는 힘을 다해 우는 아기는 처음에는 응애 응애 하면서 운다. 그칠 줄 모르는 울음소리는 짜증이 더해져 점점 강도가 세지니 부모가 달래느라 안절부절이다.

새벽 3시에 출발한 버스에서 해드뱅잉을 하며 졸다가 깨니 창문 밖으로 동이 트는 게 보인다. 차는 계속 쉬지 않고 달린다. 게슴츠레 눈을 뜨고 본 바깥 풍경은 황량하기만 하다. 눈을 비벼본다. 어떻게 보면 바닷물이 들어왔다가 휩쓸고 나간 느낌이 든다. 억만년 전에는 이곳에 바다가 있었을까? 이런저런 생각을 하며 바깥 구경에 심취해 있는데 차가 갑자기 선다. 그러더니 이곳이 볼리비아 국경이라고 했다. 가지고 있는 가방과 짐칸에 실은 캐리어까지 몽땅 가지고 내려서 검사를 받아야 한다고 한다. 칠레에서처럼 개가 와서 하려나 하는 생각을 하고 있는데 직원이 가방을 모조리 열고 검사를 한다. 꼼꼼함은 이런데 발휘해야 한다며 뭔가를 찾아내기 위해 혈안이 되어 여행자들의 가방을 샅샅이 뒤진다. 그리곤 국경에서 반입이 안 되는 과일이나 술 등등을 빼앗아 간다. 사람들은 물건을 빼앗겼는데도 무덤덤해 보인다. 우린 뭐 빼앗기는 물건이 없겠지 안심하고 있었다. 그런데 그 사람들 캐리어 제일 아래 짱 박아둔 봉지를 꺼내서 들춰본다. 거기엔 내가 한국 가서 친구들에게 선물로 주려고 파라과이에서 산 커피가 잔뜩 들어있었다.

사람마다 여행에서 의미를 부여하는 방법은 다르다. 나는 어느 나라를 여행하든지 그 나라에서만 살 수 있는 유명한 것들에 관심을 가지고 물건을 사는 편이다. 하지만 그동안 여러 나라를 여행해 본 딸은 물건 사는 것을 질색 팔색한다. 그 당시에는 좋아 보여서 사도 나중에는 결국 '예쁜 쓰레기'가 된다면서 말이다. 요즘에는 수입이 원활해서 어디서나 볼 수 있지만 말이다. 남미는 커피가 유명한 것을 알고 있었기에 여행 초기부터 선물할 커피를 대량으로 산 것이다. 한 박스가 되는 양을 말이다.

그런데 그 커피를 이 사람들이 이건 자기 나라로 반

입할 수 없다고 하면서 압수하려고 한다. '아니, 왜?' 이해가 가지 않는다. 커피는 잘 밀봉되어 있고, 사람을 해칠 우려가 있는 것도 아닌데 말이다. 칠레 국경에서도 괜찮다고 반입이 된 걸 왜 이 나라는 안 되느냐 말이다. 말도 안 통하기에 손짓, 발짓하고 거기에 간절한 눈빛까지 보내 애원했건만 그들은 절대 안 된다고 한다. 이유인즉슨 양이 너무 많다는 것이다. 그래서 세 봉지만 반입 허용하겠다고 한다. 큰 봉지도 아닌 미니 봉지였다. 더 애원했다가는 그거라도 뺏길 기세였다. 그리고 버스에선 사람들이 우리를 다 쳐다보면서 기다리고 있었다. 갑자기 올케의 말이 생각났다. 파라과이며 볼리비아며 이렇게 갈취해서 자기들이 먹든지 아니면 돈을 받고 상점에 팔든지 한다고. 경찰도 믿을 수 없는 나라, 남이 당했을 때는 몰랐는데 내가 직접 당하니 상식 밖의 행동에 정말 어이가 없었다. '그래, 최선을 다했다. 여기까지 하자. 퉤! 남의 것 뺏어서 잘 먹고 잘살라고 해. 나는 더 잘 살면 돼. 강도 안 만나고 신사적으로 뺏긴 게 어디야.'라고 내 맘 편하자고 합리적인 위로를 하며.

여행하면서 예상치 못한 상황을 만나게 되는 경우가 많다. 패키지여행을 하다 보면 경험할 수 없는 많은 일을 자유여행을 하면서 겪게 되는 것 같다. 그런 상황 속에서 계속 집착해서 빠져 있다 보면 다음 여행을 망칠 수도 있다. 그때는 빨리 현재를 인정하고, 내 마음을 바꿔야 한다. 최대한 좋은 방향으로. 예상치 못한 사건들 속에서 전전긍긍하지 않고 의연하게 대처하는 마음을 배우는 것 같다. 아직도 난 배워야 할 게 많은 어른이다.

고도가 높은 곳을 여행하는 법

남미 중에서도 고도가 유난히 높은 곳들이 있다. 지금까지 다녔던 곳은 브라질, 아르헨티나, 파라과이니 그렇게 높은 곳이 없었다. 칠레 산티아고까지만 해도 평지였고, 아타카마 정도가 조금 높아졌다고 했다. 그런데 볼리비아는 고도가 높다고 했다. 아르헨티나 남미사랑 민박에 있을 때 직원이 나한테 겁에 겁을 줬다. 고도가 높은 곳에서 고산병으로 어르신들이 생명을 잃으신 분들도 계셨다면서 특히 조심해야 한다고 신신당부를 했다. 고도가 높은 곳에 가면 산소 공급기 같은 것을 약국에서 사라는 말도 덧붙였다. 그래서 아마도 내가 좀 더 쫄았나 보다. 웬만한 일에는 쫄지 않는 나인데 말이다.

볼리비아를 입국할 때는 황열병 예방 접종 확인서가 있어야 하기에 우린 한국에서 예방 접종까지 하며 만반의 준비를 하고 왔다. 그런데 이상하다. 볼리비아에 도착하자마자 목소리가 쉰 소리를 낸다. 나는 그런 목소리를 내지 않는데 말이다. 헬륨 가스가 든 풍선을 마셔본 사람이라면 아마 더 빨리 이해할 수 있을 것이다. 분명 나는 정상적인 소리를 내는데 나가는 소리는 이상한 소리가 나가는 느낌이다. 커피 때문에 잔뜩 긴장되었던 마음이 풀리면서 그런 걸까? 여기서 물러설 순 없다는 생각을 한다. 아마도 배가 고파서 그런 것이라 결론 짓는다.

버스 정류장에서 숙소까지는 가까웠다. 우유니 사막을 가기 위해 꼭 들러야 하는 이 마을은 굉장히 작았다. 우유니 사막이 없다면 굳이 여행하러 들르기 힘들 것 같은 그런 마을이었다. 새벽에 출발해서 달려온 버스는 오후가 되어야 도착했고, 우리는 주린 배를 채우기 위해 식당을 찾아 나섰다. 몸이 이상 신호를 보낼 때는 뜨끈한 국물이 있는 한국 음식이 최고다. 한국어가 쓰여 있는 식당을 찾아간다. 거기엔 일본 국기와 태극기가 걸려 있다. 이곳의 주요 여행자는 아무래도 한국인들과 일본인들이 많은가 보다. 신라면이 메뉴에 있는 것을 보고 신기한 마음에 나도 모르게 "와! 신라면이다." 함성을 질렀다. 한국에서는 되도록 먹지 않으려고 노력했던 라면이 이곳에서는 왜 이렇게 반가운지 모르겠다. 그리고 한국 라면은 여행의 특효약인 것 같다. 지금 이 시점에서 난 평소 쳐다보지도 않던 신라면을 먹어야겠기에 주문을 했다.

이곳에서도 그렇고 한국이 아닌 다른 나라에서 한국의 것을 만나면 나도 모르게 으쓱해진다. 한국에서는 느낄 수 없는 모국애가 용솟음치는 것이다. 칠레 공항에서 S기업의 텔레비전을 보면서도 그랬고, 종종 볼 수 있는 우리나라 기업의 흔적들. 그리고 한국어를 만나면 그렇게 반가울 수가 없다. 애틋한 마음을 가지려면 어느 정도의 거리가 유지되어야 하듯, 멀리 떨어져 있을 때 오히려 애정이 생기나 보다. 사람이고, 나라고, 물건이고 간에 말이다.

신라면이 나왔다. 그릇에 달랑 신라면만 나왔다. 나도 모르게 "김치 없어요?" 하는데 여기에 김치가 어딨냐며 딸이 핀잔을 준다. "그럼 단무지라도 주던가." 뱉고 나서 생각한다. '하긴 우물가에서 숭늉을 찾고 있는 거지.' 상상 속의 김치와 단무지와 함께 난 라면을 후루룩 후루룩 먹었다.

숙소에 갔다. 여긴 한국인들에게 유명한 숙소라서 그런지 내 눈엔 한국인들밖에 보이지 않는다. 아니면 우유니 사막에 유독 한국인들이 많이 오는 건가? 밥을 먹고 왔는데도 머리가 띵하고 콧물이 나고 재채기까지 한다. '여행은 체력 싸움인데, 여기서 아프면 안 되는데…' 라는 생각이 강하게 든다. 내 몸 상태는 나만이 안다. 그래서 몸에서 보내는 작은 신호에도 반응하며 놓치지 말고 대책을 세워야 한다.

고도가 높은 곳을 여행한다고 주사를 맞고, 약도 먹고 만반의 준비를 했건만 내 몸은 말을 듣지 않는다. 만반의 준비를 했다 해도 느껴지는 아픔의 원인을 내가 어떻게 알고, 어떻게 없앨 수 있을 것인가. 일단은 가지고 온 약을 먹으면서 물을 많이 마시고, 쉬는 게 제일이다. 그러고 보면 고도가 높은 곳을 여행하는 법이란 따로 없을지 모른다. 만반의 준비를 했지만 아플 수도 있는 거고, 준비하지 않아도 무사 무탈하게 지나갈 수도 있는 것. 그냥 몸이 보내는 미세한 신호를 무시하지 말고 강행군하지 않는 것이 장기 여행에서 필요한 덕목 같았다. 그래서 난 "여행은 많이 돌아다니는 거야."라고 말했던 남동생의 말을 무시하고, 오늘도 과감히 혼자 숙소에서의 휴식을 택한다.

지구에 이런 곳이 있을 줄이야

우유니 사막에는 투어를 신청하고 간다고 했다. 내가 숙소에 쉬는 동안 딸은 하나의 투어를 다녀왔다. 설명을 해주는데 난 복잡해서 그냥 그러려니 했다. 어차피 딸이 다 알아서 선택을 해줄 테니까. 어젠 목소리도 제대로 낼 수 없었는데 그래도 오늘은 목소리는 나온다. 숙소 아래에 우유니 사막에 가는 투어 상품을 파는 여행사들이 많은데 그곳에서 모집해서 인원이 차면 우유니 사막까지 지프를 타고 간다고 했다. 이곳에서도 우유니 사막까지는 한참을 들어가야 하나 보다. 고민하던 딸이 말한다. 어떤 사람이 투어를 모집해서 신청했다고.

한 번 가면 맘대로 돌아올 수 없기에 만반의 준비를 하고 갔다. 모이는 곳은 호텔 바로 밑 1층에 위치한 여행사였다. 미리 와 있는 여학생들이 보인다. 오늘 투어를 같이 할 사람들이 다 모이고 우린 지프에 탑승했다. 역시나 멤버 중 내가 최고령이었기에 난 지프의 운전석 옆자리로 배정을 받는다. 운전사가 오늘의 멤버 중 유일한 청일점이다.

지프는 한참을 달려 시골길로 간다. 달리는 차창 밖으로 저 멀리 하얀 물체가 보이는 것 같다. 비포장도로로 더 들어가니 온 세상이 하얀 소금 사막에 도착했다. 내가 봤던 물체는 소금을 산처럼 군데군데 쌓아 놓은 것들이었다. 눈이 온 길을 달리고 있는 것 같은데, 그건 눈이 아닌 소금이라 했다. 소금이 끝도 없이 펼쳐져 장관을 이룬다. 그것도 인공적으로 만든 것이 아닌 자연적으로 생성된 거라고 하니 자연의 신비에 감탄할 뿐이다.

우유니 소금 사막은 지각 변동으로 솟아올랐던 바다가 빙하기를 거쳐 2만 년 전에 녹기 시작하면서 거대한 호수가 만들어졌다고 한다. 강수량은 낮고 물의 증발량은 높아 바닷물보다 10배 높은 농도의 염분이 축적된 것이다. 이곳은 건기와 우기로 나뉘는데 우기인 12월에서 3월 사이에는 20~30cm의 물이 고여서 얕은 소금 호수의 수심을 이룬다. 건기에는 말 그대로 마른 소금 사막을 볼 수 있고.

내가 방문했던 때는 건기였기 때문에 우린 처음으로 마른 사막을 볼 수 있었다. 가이드는 우리를 소금 사막 한가운데에 내려주었다. 내려서 보니 소금이 굳어 육각형 모양의 바닥을 이루고 있었다. 촉감은 단단하고 딱딱했다. 주변엔 아무것도 없었다. 하얗고 깨끗한 소금이 바다처럼 드넓게 펼쳐질 뿐이었다. 신나서 사진을 찍고 우리는 차에 올라탔다. 이곳이 다인줄 알았는데 건기임에도 불구하고 물이 차 있는 곳이 있다고 했다. 그곳에선 장화가 필요했다. 가이드가 주는 장화를 받아 신고 차에서 내렸다. 수정같이 맑은 물 아래에 소금이 나름대로 얽혀 형태를 이루고 있었다. 얼마나 단단한지 차가 지나가도 부서지지 않는다.

하늘은 구름 한 점 없이 파랗다. 소금은 맑은 물속에서 수정처럼 얽혀 햇빛을 받으니 반짝거린다. '저게 다 보석이었으면 좋겠다.'라는 생각을 잠깐 한다. 밝은 대낮에 밤하늘의 수많은 별을 보고 있는 것과 같은 환상에 빠져든다. 새삼 이곳에 내가 서 있다는 사실이 신기하고, 감사하기만 하다.

우유니 소금 사막은 해발고도 3,653m의 고산지대에 위치하고 있다. 흔히 이 정도면 산처럼 생긴 곳을 올라야 그 정도의 높이가 나온다고 생각했는데, 난 그냥 평지에 있다. 그래서 고산지대라도 느끼지 못했었는데 내 몸이 나에게 여긴 고산지대라고 말하고 있었던 것이다. 우유니 소금 사막 내에 사는 사람은 소금 호텔 관리자와 호텔 직원들뿐이고 그곳에서 정착해서 사는 사람은 없다고 했다. 그쪽은 너무 척박해서 그곳에서 조금 벗어난 평야나 산간지역에 산다고 한다. 그런데 난 지금 우유니 사막의 아름다운 풍경에 취해 고산병도 다 씻은 듯 나은 것 같다.

한참을 보다가 지프 안으로 들어왔다. 앉아서 잠시 생각에 잠긴다. 여행자들과의 만남, 신비한 풍경, 익숙하지 않은 새로운 일들에 매일매일이 즐겁고 행복하다. 갑자기 황홀한 느낌이 들며 어리둥절해진다. 같이 갔던 친구들도 바깥에서 소금 사막이 주는 여운에 잔뜩 취해 있다가 하나둘씩 차에 탄다.

사진을 찍어야 하는데 바람이 지금 많이 분다며, 원하는 샷이 나오지 않을 거라고 맑은 물 위에 지프를 세워놓고 잠시 기다린다. 우리는 모두 차 안에 앉아 있는 상태로 시간이 점점 흐른다. 사진이야 그냥 찍으면 되지, 무슨 사진을 찍는다는 건지 영문을 모르는 난 기다림에 점점 지루해진다. 언제까지 기다려야 하는 걸까 하는 생각을 함과 동시에 갑자기 방광이 신호를 보낸다. 참다못해 여기서 소변을 봐도 되냐고 물어보니 뒤에 앉아 있던 여학생들이 기다렸다는 듯이 "어머니, 고마워요!"라고 한다. 생리적 현상이 부끄러워 말 못 하고 다들 참고 있었나 보다. 역시 나 같은 사람도 필요한 법이야.

바통 터치를 하듯 두 명씩 한 팀을 이뤄 나가서 한 명은 가려주고, 한 명은 일을 보았다. 맑기만 한 물에 난 그렇게 노상방뇨를 했다.(여기서 특별히 말하는 것이다.) 맑디맑은 소금 사막에는 미안했지만 이 또한 자연 현상이니 알아서 잘 흡수했을 거다.

해가 뉘엿뉘엿 지기 시작한다. 그때 사진을 찍자고 했다. 선셋 타임을 기다린 건가 보다. 우린 사이좋게 장화를 나눠 신고 다시 밖으로 나가 사진을 찍기 시작했다. 우유니 소금사막에서 찍어야 하는 특유의 포즈들이 있나 보다. 해가 지면서 맑은 물에 우리의 또 다른 모습이 비추기 시작한다. 그 찰나에 가이드가 하라는 포즈를 하며 우리는 우유니 사막에서 멋진 예술작품을 만들어 갔다. 그곳에서 단연 돋보였던 것은 나의 빨간 바지였다. 곳곳에 우리와 같은 지프들이 와서 사진을 찍는 팀들이 보인다. 이걸 위해 우리가 그렇게 지루한 시간을 기다리며 견뎌야 했구나. 나중에 사진을 보면서 이곳을 추억할 수 있을 테니까. 사진을 다 찍고 해가 지며 어둠이 내리는 것을 본다. 우유니 소금사막, 지구에 이런 곳이 있을 줄이야… 오길 참 잘했다는 생각이 든다.

내가 오늘 보았던 수정같이 빛나는 단단한 소금처럼, 우리가 사는 세상도 그렇게 단단하고 맑게 빛났으면 좋겠다.

대중교통이 하늘 위로 다니는 곳

　새벽에 일찍 일어났다. 다른 곳으로 이동하는 날이기 때문이다. 아직 모두가 잠들어 있는 새벽부터 우린 짐을 싸고 숙소를 나왔다. 뭔가 야반도주하는 것 같은 느낌이 든다. 사실 우린 떳떳하다고. 새벽 작은 마을이라 혹시 몰라 택시를 예약해 두었기에 택시를 타고 공항까지 수월하게 갈 수 있었다. 작은 마을이라 공항도 아담했다.

　오늘은 볼리비아의 수도인 라파스로 간다. 이곳 우유니에서 버스를 타고 가면 12시간 걸리지만 비행기를 타고 가면 1시간이 안 걸린다고 했다. 기다리다 보니 비행기를 타러 온 사람들이 모여들기 시작하고 비행기는 출발한다. 창가에 앉아서 창문을 바라보니 밑으로 하얗게 펼쳐진 우유니 사막이 보인다. 여긴 고도가 높은 산인데도 불구하고 넓고, 하얗게 펼쳐져 있는 모습이 바다같이 느껴진다. 고도가 높았기 때문에 비행기는 높게 날지 않는다는 느낌이 들었다. 비행기가 나는 내내 보이는 풍경들이 가까웠다.

이 짧은 비행 속에서도 스튜어디스는 주스와 빵을 주러 다닌다. 딸이 "주스 드실래요?" 하고 물어봐서 대답을 하려고 하는데 갑자기 목소리가 나오지 않는다. 어제 동생들과 통화를 하다가 목소리가 나오지 않아 뜨거운 물 마시며 건강 관리 잘하라고 했는데, 오늘이 더 심한 것 같다. '이러다 나 벙어리 되는 거 아니야?' 갑자기 불안해져 가슴에 손을 얹고 간절히 기도한다.

비행기를 타고 얼마 되지 않은 거 같은데 곧 착륙이라고 한다. 예정 시간보다 좀 일찍 도착한 것이다. 그동안은 우리가 공항에서 택시를 타고 숙소까지 찾아갔는데, 오늘은 숙소에서 우리를 데리러 온다고 했다. 공항에 앉아서 우린 기다렸다. 동생네 갔을 때도 느꼈지만 누군가 공항에 나와 우리를 맞이해 준다고 하는 건 기쁜 일이다. 한참 기다렸더니 50대 중반쯤 되어 보이는 한국 남자가 우리를 향해 온다. 한인 민박집 주인이었다. 우리는 사장님을 따라 가서 차에 탔다.

우리가 있던 공항이 산꼭대기에 있는 것이었나 보다. 차는 계속 구불구불한 길을 내려간다. 난 그동안 말을 할 수 있음에도 언어가 달라 벙어리가 되어야 했고, 그 다음에는 정말 목소리가 나오지 않아서 벙어리가 되어 있었다. 그런데 대화를 할 수 있는 새로운 만남이 있다는 게 너무 좋아서 먼저 사장님께 질문을 했다.

"그동안 많은 여행자를 보셨을 텐데, 최고 나이의 여행자가 몇 살이었어요?"

"60대 초반까지 여행하시는 분은 봤어요."

"제가 아무래도 남미 자유 여행을 하는 최고령의 나이겠죠? 사장님이 뵌신 분들 중에?"

"그럴 거 같은데요."

생각한다. 역시 난 어딜 가나 역사를 새로 쓰는 사람이라고….

내려가는 길에 남미에서 그동안 보지 못했던 십자가가 보인다. 우리나라 선교사님이 이십 년 전에 지은 교회라고 했다. 사장님도 남미에 오게 된 이야기보따리를 풀어 놓으신다. 6·25 전쟁으로 인해 온 가족이 부산으로 피난을 갔다고 했다. 그리고 사장님의 아버님이 브라질로 이민을 가려고 했는데, 어떻게 하다 볼리비아로 오남매를 데리고 온 가족이 오게 되었다고 한다. 오남매는 지금 칠레, 프랑스, 미국, 그리고 볼리비아에 각자 흩어져 산다고 했다. 아버님은 95세인데 건강하셔서 형님이 하는 사업을 돕고 계시다고.

사장님의 자녀들은 볼리비아에서 고등학교까지 다니다가 한국에 가서 대학을 졸업하고 직장 생활을 하고 있다고 했다. 예전에는 우리가 돈을 벌러 이 머나먼 땅까지 왔었는데, 이젠 거꾸로 돈을 벌러 한국으로 간다고도 하셨다. 한국어로 신나게 이야기를 주고받다 보니 어느덧 도착했나 보다. 우리가 내린 곳은 정원이 있는 2층 집이었다. 오늘만큼은 여행자가 아닌 친척집에 방문한 느낌이다. 2층의 방으로 안내받았는데 창문 안으로 햇살이 가득

비추는 게 기분이 좋다. 그리고 정성스럽게 차린 식탁까지… 한국인들만이 느낄 수 있는 '정'이 있다.

숙소에서 쉬다가 저녁을 맞았다. 저녁에는 한국 여행자들이 좀 있었다. 이곳은 한국 여행자들에게 밥이 정성스럽고 맛있다고 소문난 곳이었다. 저녁에는 30대 초반의 두 명의 딸 같은 여행자들과 함께 밥을 먹었다. 함께 교회에 다니다 만나서 여행까지 오게 되었다는 그 친구들에게 나도 모르게 "그 나이엔 애인하고 와야 하는데…" 하고 말해 버렸다. "집에서 그 소리 듣기 싫어서 여기까지 왔는데, 여기서도 이런 소릴 듣네요." 하면서 분위기가 싸해진다. 딸도 나에게 핀잔을 준다. 생각해서 한 말인데, 나도 모르게 꼰대 아줌마가 되어 있었다. 말을 조심해야겠다.

볼리비아 라파스는 세계에서 가장 높은 수도라고 한다. 도시 전체가 움푹 들어간 밥그릇 모양을 하고 있어, 대중교통 수단이 '텔레페리코'라고 불리는 케이블카라고 했다. 밤에 케이블카를 타면서 야경을 감상하면 좋다고 해서 숙소에서 만난 친구들과 함께 택시를 타고 나갔다. 어디든 케이블카는 여행자들을 위한 교통수단으로 비쌌는데 여긴 케이블카가 대중교통 수단이기 때문에 티켓 가격이 한 장당 3불 정도, 한화로 500원 정도로 저렴했다. 케이블카는 중간 중간 역에서 서면 사람들이 탔다. 다들 일을 마치고 집으로 가는 발걸음이 피곤해 보였다. 옹기종기 모여 있는 집들에서 새어 나오는 불빛들이 반짝거리며 아름다운 야경을 선사한다. 지붕 위를 지나갈 때는 나도 모르게 아슬아슬했지만, 밤하늘을 나는 기분이다. 세상엔 정말 경험하지 않으면 모르는 신기한 것들이 많다.

첫인상은 첫인상일 뿐

어느 장소에 가든, 사람을 만나든 처음에 탁 봤을 때 느껴지는 인상이 있다. 그걸 우린 '첫인상'이라고 한다. 다 같이 남미 대륙에 있다고는 하지만 나라마다 첫인상이 다르다. 국경에서부터 커피를 빼앗겼던 나는 볼리비아에 대한 첫인상이 좋지는 않았다. 하지만 매력적인 천혜 관광지인 우유니 사막을 보고, 만나는 순수한 사람들을 보면서 마음이 점점 누그러졌던 건 사실이다. 이 나라는 뭐 나에게 신경도 안 쓰겠지만. 나라를 다닐 때마다 그 나라의 정보가 궁금해진다. 한국에 계속 있었다면 관심도 없었을 나라들이 내가 직접 그 땅에서 다니니 관심이 생기고 궁금해진다. '아는 만큼 보인다.'라는 말이 괜히 나온 말이 아닌 것 같다.

그런 의미에서 볼리비아에 대한 것을 조금 읊어보자면 볼리비아에는 36개의 인디언 부족이 전국 각처에 흩어져 살고 있다고 한다. 그 부족들은 각자 고유의 생활양식과 풍속을 유지하고 있다고. 안데스 지역 최고의 문명지로 잉카제국의 영토였던 볼리비아는 1535년부터 스페인의 지배를 받기 시작한다. 그러다 1825년에 안토니오 호세 데 수크레가 이끄는 군대에 의해서 독립하였다.

민박집 사장님은 이곳이 열대 기후임에도 선풍기 없이 산다고 말씀하셨다. 그리고 지진의 위험도 없고, 불이 나도 타지 않는다고 했다. 사람은 어딜 가나 금방 적응하며 산다고 하지만, 사장님은 이곳에서 사는 것이 꽤 만족스러워 보였다. 그런 의미에서 나도 점점 볼리비아에 대한 이미지를 좋게 가져가고 있는 것 같았다. 여행할 때는 뭐니 뭐니 해도 잘 먹고, 잘 돌아다니고, 잘 자는 게 중요하다. 이 삼박자가 맞을 때 좋은 컨디션으로 여행할 수 있다. 이 민박의 잠자리는 포근하고 쾌적해서 좋았다.

오늘의 일정은 무엇일까 궁금해하고 있던 찰나에 딸이

오늘은 라파스를 둘러볼 것이라 했다.

민박집에서 풍성한 아침 식사를 하고 우리는 택시를 타고 '달의 계곡'이란 곳을 향했다. 울룩불룩한 세면으로 뭉쳐 놓은 것 같은 돌들이 각기 다른 모양을 하고 서로 바라보고 있다. 내 눈엔 그 돌들이 미스코리아 대회를 하는 것처럼 요염하게 자태를 뽐내고 있는 것 같았다. 풍경을 전체적으로 바라보고 있으려니 웅장한 느낌도 들고 신비롭기까지 하다.

하물며 이 돌들도 똑같이 생긴 모양이 없는데, 사람이라고 같은 모습을 한 사람이 있을까. 다른 모습, 다른 생각을 가진 사람들이 모여 살면서 우리는 세상이라는 것을 이루어나가며 살고 있다. 돌을 보면서도 이런 철학적인 사유를 할 줄이야. 이래서 여행을 하다 보면 아주 작은 것들에 의미를 부여하고 생각하게 하나보다.

달의 계곡 투어를 마치고 (그냥 각자 걸어 다닌 것이 전부였지만) 우리는 버스를 타고 라파스의 중심가로 갔다. 달의 계곡에서 보았던 사막은 간 곳 없고 시내는 우리나라 명동거리를 방불케 한다. 시내에 있는 쇼핑 상점들을 돌아보았다. 기괴한 물건들이 많이 보인다. 시내 구경을 마치고 라파스 시내를 한눈에 볼 수 있는 전망대를 가기 위해 택시를 탔다. 전망대에 올라 시내를 바라본 빼곡하게 들어찬 빨간 지붕 집들이 산에 걸쳐져 있는 느낌이다. 파랗기만 한 하늘에 솜털같이 뽀얀 구름이 수를 놓으며 집들과 함께 어우러진다. 전망대까지 보고 우리는 숙소로 와서 짐을 챙겼다. 오늘 또 우린 다른 곳으로 이동이다. 버스 정류장으로 가서 기다리다가 티티카카 호수로 향하는 버스를 탔다. 난 또 우대 찬스를 써서 운전석 옆에 앉았다. 느낌 좋았던 라파스여 안녕!

오르막 내리막 하는 산비탈 길을 지나 달린다. 차들이 다니는 길에 어린아이들이 불쇼를 하고 있다. 돈을 얻기 위한 수단인가? 아직 포장 중인 도로들이 있고, 버스는 그 도로를 지나가니 먼지가 풀풀 날린다. 벌판 같은 곳에 천막을 치고 귤과 오렌지 등의 과일을 팔고 있는 현지인의 모습이 보인다.

그 모습을 보고 있으려니 50년 전에 어머니를 따라 장에 갔던 때가 생각이 난다. '가난은 나랏님도 구제 못한다.'라는 속담이 있는데, 당시 우리나라에서는 가난을 이기기 위해 우리 국민이 독일 탄광으로, 간호사로, 또 사우디아라비아 등등으로 파견되어 외화를 벌던 시절이었다. 그 당시 동이 트는 아침이면 마을마다 확성기에 새마을 노래를 틀어 "잘 살아보세."라고 외치며 우리는 부단히 노력했다. 그 결과 많은 발전을 이루어 감사한 마음이 든다.

산길을 헤치고 나니 앞에 갑자기 푸르다 못해 청색을 띤 호수가 눈 앞에 펼쳐진다. 이 높은 산 속에 바다가 있을 리는 없고, 호수일까? 파란 물을 감싸 안고 있는 푸른 산의 풍경. 그리고 산허리에 솜털 같은 하얀 구름이 산을 얼싸안고 놀고 있는 모습이다. 마음에 평화가 절로 찾아오는 느낌이다. 버스는 갑자기 호수 앞에 섰다. 그러더니 차에 타고 있는 사람들보고 다 내리라고 한다. 호수를 건너가야 한다고. 이 호수를 도대체 어떻게 건너겠다는 거지? 차는 큰 배에 싣고, 사람들은 작은 통통배를 타고 호수를 건너 맞은 편에 있는 곳으로 간다. 기다리면서 그 앞에서 파는 생선튀김을 사 먹는다. 고소하고 맛있다. 배를 타고 건너면서 생각한다. 우리나라였다면 당장에 다리를 건설했을 텐데… 맞은편으로 가서 우리는 타고 왔던 버스를 다시 탄다. 그리고 또 버스는 달려 우리의 목적지인 티티카카 호수 마을에 도착했다. 숙소를 미리 예약하고 오지 않아 숙소를 구하기 위해 애는 좀 먹었지만 그래도 마음에 쏙 드는 숙소를 발견해서 짐을 풀었다. 티티카카 호수에 찾아온 어둠과 함께 우리의 밤은 깊어갔다.

두 번째 노상 방뇨

티티카카 호수의 숙소는 산 중턱에 자리 잡고 있다. 건물은 지중해식으로 지어져서 예쁘다. 안에서 장작을 때며 운치를 느낄 수도 있다. 숙소 안에선 우리 창문으로 티티카카 호수 전경을 볼 수 있다. 힐링이 절로 된다.

티티카카 호수 자체도 섬 같은 느낌을 주는데 배를 타고 또 섬을 갈 수 있다고 한다. 오전 아침 8시 30분에 출발해서 오후에 다시 돌아오는 프로그램이다. 아침에 일어나서 선착장에 가보니 섬에 가려는 사람들이 줄을 서 있다. 줄을 선 사람들이 각자 예약한 배에 타고 청색 빛 호수를 가른다. 한참을 달렸을까 호수의 끝은 보이지 않고 군데군데 있는 섬들이 보인다. 1시간 가량을 달렸을까.

우리가 처음으로 도착한 곳은 '달의 섬'이다. 이곳에선 우리에게 1시간을 준다.

옛 잉카 문명 시절부터 안데스 산지에는 3대 계명이 전해 온다고 한다.

"거짓말하지 말 것, 도둑질하지 말 것, 게으르지 말 것."

이곳에 사는 원주민들을 보면 이런 계명이 필요한 이유를 알 수 있을 것 같다. 이들의 조상들이 옛날부터 살았고, 이들이 지금 살고 있는 안데스 산지는 하늘 아래 첫 동네라고 할 수 있을 정도로 하늘과 맞닿아 있다. 하늘과 가까이 살면서 태양신을 섬기는 그들에게 거짓말이나 도둑질 등의 양심의 가책을 느끼는 일은 절대 하지 말아야 할 것이다. 또한 척박한 산지 사이의 땅을 일구면서 사는 삶은 이들에게 절대 게으름을 허락하지 않는다.

다른 여행자들은 산자락 위에 위치한 마을을 구경하기 위해 올라갔지만 나와 딸은 호수 앞에서 돌멩이들을 구경한다. 호수 앞에 있는 예쁜 돌멩이들을 찾는다. 아이들은 돌멩이를 가지고 호수에 던지며 물결이 퍼져나가는 것을 보면서 즐거워하고 있다. 그 모습을 보면서 나도 모르게 입가에 흐뭇한 미소가 번진다.

시간이 다 되고 우린 다시 배를 타고 다른 섬으로 갔다. 그곳은 '태양의 섬'이라고 했다. 그곳에서 트래킹을 할 것인지 말지 결정해야 하는데 하지 않으면 배에 계속 있어야 한다고 했다. 나는 용기 내서 트래킹을 시도하였다. 트래킹을 하면서 보는 풍경이 압권이었다. 이곳에 사는 사람들은 어떻게 삶을 유지할까 궁금하기만 하다. 곳곳에 위치한 리마와 함께 사진을 찍으면 돈을 낸다. 그리고 가는 길에 자신들이 손수 만든 기념품을 팔기도 한다. 필요한 물건이 없어서 그냥 지나치고 왔는데 아이들이 팔아서인지 마음이 무겁기만 하다.

배를 기다리면서 시간이 조금 남아 내려오는 길에 파는 감자튀김을 사 먹었다. 그리고 조금 뒤에 우리의 배가 와서 우리 팀은 다시 티티카카 호수로 돌아가기 위해 배를 탔다. 그런데 30분쯤 지났을까… 괜찮던 내 배가 갑자기 울렁울렁거린다. 배를 움켜쥔다. 영 느낌이 쎄하다. 무슨 일이 일어날 것만 같다. 낯빛이 좋지 않아지는 날 보고 딸이 물어본다. 최대한 참아보려고 하지만 참아지지 않는다. '어쩌지. 여긴 지금 돌아갈 수도, 앞으로 갈 수도 없는 호수 한 가운데인데…' 여기서 쌀 순 없다. 최대한 힘을 주어 보지만 괄약근이 버텨 주지 않는다.

참다못해 딸에게 말했더니 딸은 선장한테 가서 이런저런 사정을 설명한다. 선장은 오히려 의연한 표정으로 배 뒤쪽에서 일을 보라고 했다. 허락이 떨어지기가 무섭게 난 안전하게 자세를 취하고 앉았다. 그리고 딸은 두르고 있던 큰 머플러를 펴서 나를 가려주었다. 그 누구도 우리에게 관심을 보이는 여행자들은 없었다. 다들 배려가 넘치는 것 같다. 아, 이거다. 일을 보고 나니 언제 그랬냐는 듯 내 얼굴에 평화가 찾아온다. 그래, 우리의 행복은 아주 큰 데서 오는 게 아니다. 우리의 불편함을 해소해 주면 그 자체로 우리는 행복을 느낄 수 있는 것이다. 나도 참… 너무나도 아름다운 자연환경에 나만의 흔적을 새기고 싶었나 보다. 그렇게 난 우유니 소금 사막에서, 그리고 또 이 티티카카 호수의 한복판에서 자연과 함께 그대로 사라질 나의 흔적을 아로새기고 왔다.

낭만을 위한 여행은 위험으로부터 보호되어야 가능한 것임을 느낀다. 어쩌면 낭만이란 것은 이 모든 경험들을 통해서 내 마음에 얻어지는 평안일지도 모른다.

페루

물 위의 집

    티티카카 호수는 페루와 볼리비아를 품고 있다. 하늘에 닿을 듯한 높은 고원의 호수, 남미 최대의 담수호이다. 면적은 말할 것도 없이 넓고, 수심은 약 300m가 된다고 하니… 내 머릿속은 그 깊이를 연상해 보느라 바쁘다. 자 100m 달리기를 생각해 봤을 때 그 길이가 3개가 있는 거지? 숫자에 약한 나는 이런 식으로 생각하는 거다. 아, 어쨌든 깊구나. 티티카카 호수의 반은 페루 영토이고, 반은 볼리비아 영토라고 했다. 오늘은 볼리비아 국경을 넘어 페루로 가는 날이다.

    아침은 딸이 손수 만든 샐러드에 계란을 먹었다. 펜션 같은 숙소라 우리가 직접 요리도 할 수 있었기 때문이다.

사실 이 숙소를 떠나기는 아쉽다. 좋은 곳에는 더 머무르고 싶고, 나쁜 곳은 빨리 떠나고 싶은 것이 사람 심리 아닌가! 그래도 우린 여행자이기 때문에 한곳에 오래 머무를 순 없다. 계속해서 앞으로 나아가야 한다.

티티카카 호숫가에는 천막으로 만든 식당들이 있다. 거기엔 호수가 숫자로 적혀 있는데 여기선 송어 요리가 유명하다. 한국인들 입맛에 제격인가보다. 많은 식당이 있지만, 그중에서도 꼭 몇 번 식당에서 그 요리를 먹어야 한다면서 구체적인 정보까지 제공해 준다. 떠나는 의미에서 우리는 송어 요리 집을 다시 찾았다. 그곳에서 우린 따로 온 남학생 여행자와 멕시코에서 교환학생 중인 여학생을 만나서 함께 식사를 했다. 그들이 나를 보고 말을 한다. "여기서 사시는 거예요?" 내 나이 정도면 남미를 여행하는 여행자라고 여기지 않는 게 일반적인 생각인가 보다. 나도 같은 배낭여행자라고 했더니 깜짝 놀란다. 우리는 그 자리에서 식사만 하고 각자 갈 길을 향해 헤어졌다.

버스를 타고 1시간 정도 왔을까. 볼리비아와 페루의 국경이다. 전처럼 가방을 다 내려 검사를 하는가 했더니, 그냥 몸만 내리라고 한다. 그리고 우린 줄 서서 여권 검사를 하고 도장만 받았다. 아, 이리 간편할 수가…. 알고 보니 페루와 볼리비아는 동맹국이어서 그렇단다. 다시 버스를 타고 도착한 마을은 '뿌노'이다.

뿌노는 해발 4,000m의 고산 도시이다. 이곳에서도 티티카카 호수를 볼 수 있다. 티티카카 호수는 배가 다니는 호수 중 세계에서 가장 높은 곳에 위치한 호수다. 아이마라 원주민 언어로 티티는 깨끗하다는 뜻이고, 카카는 호수라고 한다. 주변에 있는 안데스산맥에서 녹은 만년설이 흘러들어와 호수를 형성하였다는 그곳. 그래서 더 깨끗하지 않을까 한다.

뿌노에 도착하자마자 하루는 쉬고, 그다음 날 아침에 섬 투어를 하기 위해 나갔다. 배를 타고 다니면서 곳곳에 있는 섬을 투어할 수 있는데, 우린 물 위에 있는 인공으로 만든 집 투어를 하기로 했다. 현지인 가이드를 따라 배에 올라 출발한다. 청색 빛을 띠던 물은 온데간데없고, 맑지 않은 물을 가르며 배는 통통거리며 간다. 가다 보니 물 위에 갈대들이 보인다. 보이는 곳이 우로스섬이라 했다.

우로스섬은 호수에서 자생하는 갈대인 토토라를 엮어서 만든 인공 섬이다. 40여 개 이상의 섬들이 군락을 이루어 생활하는데 잉카 시절에 핍박받던 소수 민족 우르족이 핍박을 피해 토토라로 만든 배를 타고 생활하다가 커지게 되었다고 한다. 현재는 섬 네 귀퉁이를 호수 밑에 교정시켜서 생활하고 있단다.

우리는 갈대들로 만들어진 집 한 곳에서 내렸다. 같이 배를 타고 있던 여행자들은 일제히 내려앉았다. 그곳에 사는 사람이 집을 만든 과정을 원주민 언어로 설명한다. 그러면 옆에 있던 가이드가 영어로 여행자들에게 설명한다. 설명을 다 하고 모델하우스라고 말한다. 나도 모델하우스 정도는 알아들을 수 있다. 사람들은 그가 말하는 모델하우스라는 말에 한바탕 웃는다.

이곳 물 위에 학교도 있다고 했다. 여기서 자라는 아이들은 중학교까지는 이곳에서 다니고 고등학교는 자신들이 만든 배를 타고 육지로 나가서 다닌다고 했다. 아이들은 신발을 신었는데 어른들은 맨발이다. 집 안을 들여다 본다. 전깃불이 없다. 아마 이들의 취침시간은 태양이 지는 시간과 맞물려 있을 거란 생각을 한다. 솥은 까맣게 그을려 있다. 그들은 여기서 나는 물고기라면서 자신들이 잡은 물고기를 보여준다. 또한 손수 만든 물건들을 설명하고 사라고 권한다. 이들이 이곳에서 살아가는 방식인 것 같았다. 토토라 갈대로 쌓은 곳을 걷다 보니 발길 닿는 곳이 흔들거리긴 했지만, 그것도 안정감이 있다. 갈대를 뭉쳐 묶어 의자를 만든 곳에 앉으니 평안했다. 그렇게 우리는 이곳저곳을 구경하고, 가이드가 배를 타라고 하여 배에 탑승했다.

배는 우리가 타고 온 배가 아닌 그들이 손수 만든 배였다. 자세히 보니 토토라 갈대와 페트병을 이용해서 만든 배 같았다. 원주민 둘이 노를 젓는다. 난 말로만 듣던 강태공이 된 느낌이다. 남의 수고를 빌어 청색 호수에 떠 있는 배에 앉아 있는 난 파란 하늘을 바라본다. 그리고 노 젓는 이들을 본다.

노 젓는 그들의 모습 속에서 미래에 대한 불안 없이 오직 지금 이 순간을 살아내고 있는 모습을 본다. 난 자연을 만끽하며 평안한 미소를 짓는다. 사람 사는 세상은 참 신기하고 재미있는 것 같다. 이런 마을이 있을 거라 상상이나 했겠는가! 이렇게 군락을 이루면서 사는 그들의 모습에서 행복을 볼 수 있었다. 문명이라고는 찾아볼 수 없지만, 순수한 인간미가 그들에게 넘쳐 흐른다는 것을 느낄 수 있었다.

쉽지 않은, 쿠스코 가는 길

　사실, 뿌노는 우리가 쿠스코로 가기 위해 거쳐 가는 길 같았다. 소수 민족이 사는 우로스 섬을 보는 건 의미가 있었지만 바쁜 여행자들이라면 비행기를 타고 중점적인 관광지만 돌아볼 거 같은 느낌이다. 하지만 나중에 돌아봤을 때 유명 관광지만 점 찍으면서 다니는 여행보다는 이러한 소소한 도시에서의 추억이 더 깊게 생각나기도 한다. 그게 바로 누구도 알 수 없는 나만의 추억이 되는 것 같다. 지금 내가 그때를 떠올리면서 이렇게 미소를 짓고 있는 것처럼 지금을 살면서 힘이 되어 주는 일이 될 수도 있다.

　페루는 사실 마추픽추를 보기 위해 온다고도 할 수 있

는데, 오늘 우리는 그 도시로 이동을 한다. 며칠 전부터 이곳엔 흉흉한 소리가 들린다고 했다. 쿠스코에서 대규모 시위가 일어나서 마추픽추에 다녀오다가 오지 못해 발길이 묶였다는 소리도 들린다. 상황이 괜찮아지기를 기도하고, 기다리면서 천천히 여기까지 왔는데 이제는 더 이상 지체할 수가 없다.

아침에 버스를 타야 했기에 일찍 6시 30분에 식사를 하러 갔다. 동양인 부부가 우리보다 더 일찍 와 있었다. 처음엔 중국인인가 생각하고 있었는데, 한국말이 들린다. 이 도시에선 한국 사람을 볼 수가 없었는데 떠나는 길에 이렇게 만나니 반갑다. 부부가 함께 여행하는 모습이 좋아 보여 물어봤더니 미국에 사는 딸을 보기 위해 왔다가 남미 여행 중이라고 했다. 거기에 덧붙인다. 딸이 10년 만에 인공 수정으로 아들을 낳아 산후조리해 주고 가는 길이라고… 얼마나 기쁘실까. 부부가 여행을 워낙 좋아해 많이 다녔었는데, 이번에 크루즈 여행을 하려고 하다가 다리가 성할 때 걷는 여행을 해야 한다며 용기를 냈다고 한다. '늦었다고 생각할 때가 가장 빠른 때다.'라는 말이 있듯이 여행도 마찬가지인 거 같다. 생각했을 때 바로 용기를 내야 하고 떠나야 한다. 그러면 새로운 세상이 어떻게든 열리는 것 같다.

오늘 뿌노에서 쿠스코까지는 버스로 6시간을 가면 된다고 했다. 1층 안락한 침대 버스를 타고 출발했다. 종류별로 버스는 다 타 보는 것 같다. 하늘은 구름 한 점 없이 파랬고, 햇빛은 강렬하게 내리 쬐었다. 나무도 자라지 못하는 돌산이 끝도 없이 계속된다. 골짜기가 있는 평원에 간혹 흙벽돌과 빨간 벽돌로 쌓은 집들이 보인다. 바닷물이 휩쓸고 간 것 같은 느낌의 초원엔 소떼, 양떼들이 한가롭게 풀을 뜯어 먹고 있다. "가련다, 떠나련다. 두메산골 내 고향아"라는 옛날 노래 가사가 떠올라 나도 모르게 흥얼거린다. 한참 신나게 바깥 풍경을 바라보며 옛 추억에 잠겨 있는데, 갑자기 차가 도로 한복판에 섰다. 그러더니 차가 움직이지 않는다. 차 안의 사람들이 술렁거린다.

갑자기 몇 명의 남자들이 페인트 통을 들고 나타나 선팅이 되어 있는 창문에 커다랗게 글씨를 쓴다. 까맣게 탄

얼굴에 도드라지는 하얀 이빨을 드러내고 웃으며 사진을 찍고 웃는다. 시위를 한다더니 우리에게 직접 현실로 닥친 것이다. 아니, 그렇다고 죄 없는 여행자들의 길을 이렇게 막아?

시위는 월급을 올려 달라는 교사들의 파업이라 했다. 도로 곳곳에 돌을 굴려서 막아 놓고, 나무를 베어 쌓아 놓았다. 들은 이야기로는 마추픽추로 가는 기차 레일까지 뜯어 놓았다고 한다. 이렇게 해서 자신들에게 돌아가는 것이 무엇일까를 생각해 본다. 아무래도 정부를 대상으로 시위하는 이들은 정부에 타격을 줄 것이 여행자들이 마추픽추를 가지 못하게 막는 것이라 생각했나 보다. 그래도 여행자로서 이런 환대(?)는 아니라고 본다. 차는 도로에 있는 돌과 나뭇가지를 치워가며, 가다 서다를 반복했다. '과연 오늘 안에 쿠스코는 도착할 수 있는 건가? 그럼 마추픽추는 가지 못하는 건가?' 별생각이 다 들었다.

어느덧 깜깜한 밤이 되었다. 차는 어딘가 도착을 했다. 차는 서자마자 우리를 태운 채로 창문 밖에 써 있는 글씨들을 깨끗하게 지운다. 그리고 이어 문을 열어 주니 사람들이 하나둘씩 내린다. 쿠스코에 도착했다. 6시간이 걸려야 할 거리를 그 배도 넘는 13시간이 걸려 도착한 것이다. 그래도 도착했다는 사실에 감사하다.

여기서도 우리는 한인 민박에 머물 것이다. 택시를 잡고 민박집에 찾아갔다. 도착해서 보니 5층 건물 꼭대기인 5층에 위치하고 있다. 엘리베이터도 없다. 막막해 하고 있던 차에 마침 한 청년 여행자가 들어온다. 그러더니 자기도 올라가는 길이라면서 무거운 가방을 번쩍 들어 올려 5층까지 가져다주었다. 숨을 헐떡거리며 계단을 하나하나 올라간다. 들어가니 거실에 청년 여행자들이 삼삼오오 모여 있고, 50대 즈음으로 보이는 여 사장님이 우리를 맞아준다. 지쳐서 쉬고 싶긴 했지만, 수다만큼 좋은 위로 또한 없기에 우리도 거기 앉아서 사람들과 대화를 나눈다.

여 사장님은 의정부의 한 음식점에서 8년을 일하다가 동생과 함께 여행을 하게 되었다고 한다. 여행을 한 4년 후에 이곳 쿠스코가 너무 좋아 민박을 시작하게 되었다고 했다. 어떤 계기로 사람의 인생이 변할지 모른다는 생각을 한다. 사장님은 말했다. 우리나라 젊은 여행자들을 대

하고 보니 생각이 건전하고 건실한 청년들이 많다면서 우리나라의 미래가 기대된다고.

어떤 청년은 말한다. 여행하다가 어르신을 만나게 되어 반가운 마음에 인사를 했는데 그 어르신은 젊은이들이 돈은 안 벌고 여행만 다니냐고 하면서 핀잔을 주더란다. 같은 상황이라도 자신의 경험과 시선에 따라 보는 것이 다른 것 같다. 그저 우리 각자가 해야 할 건 그런 말들에 영향받지 않고 자신의 소신대로 자기의 삶을 살아내는 것이다. 어떤 경험이든 다 버릴 것은 없을 테니. 서로의 이야기를 듣는 것만으로도 공부가 된다. 이렇게 또 난 내 인생 역사의 한 획을 그어 나간다.

세상의 중심, 쿠스코를 거닐다

옛 잉카제국 사람들은 이곳을 세상의 중심이라 생각했다고 한다. 그래서 도시 이름도 당시 자신들의 언어로 배꼽이란 뜻을 가진 '쿠스코'라고 했다. 잉카제국의 중심이고, 그랬기에 가장 번성했던 도시. 많은 침략을 받았지만 그 가운데서도 곳곳이 잉카제국의 위용을 자랑하는 도시는 나에게 아기자기하고 따뜻한 느낌을 준다.

어떤 도시를 가든 먼저는 그 도시 시내와 주요 건축물들을 살펴본다. 그렇게 보고 난 다음으로 관련된 정보나 역사를 찾아본다. 보지도 않은 상태에서 공부하는 것보다 내가 본 것을 공부하면 머리에 잘 들어오고, 이해가 간다. 오늘도 역시 딸과 함께 쿠스코 시내로 나갔다. 처음으로 우리가 간 곳은 시내에 있는 산토 도밍고 성당과 꼬리깐차 신전이었다. 옆에 나란히 위치하고 있다.

스페인이 이곳을 침략하기 전, 꼬리깐차는 잉카제국이 숭배했던 태양신을 모시는 신전이었다. 최고의 신이 태양신이라고 믿었기에 가장 정교하고 공을 들여 만들었고, 그 안에는 금과 은으로 만들어진 성물이 가득했다고 전해진다. 꼬리깐차에서 꼬리는 '황금'을 뜻하고, 깐차는 '거주지'를 뜻한다. 이후 스페인 사람들이 이곳을 침략하고, 꼬리깐차 신전의 본래 건물을 부수고, 터와 외곽 벽을 기초로 해서 지금의 산토 도밍고 성당을 짓고 수도원으로 사용했다. 쿠스코에는 두 차례 큰 지진이 있었다. 그때 산토 도밍고 성당의 대부분은 무너져 내렸고, 현재 성당은 대부분 복원한 것이라 했다. 꼬리깐차의 외벽과 기초는 워낙 견고했기에 그 모습을 유지했다고 한다.

안에 들어가서 보니 화려했던 역사의 흔적이 고스란히 나타났다. 당시 잉카인들은 무지개가 하늘로 연결된다는 확고한 신앙이 있었다고 한다. 스페인 정복자들이 원주민들에게 개종을 강요하고, 그에 반항하는 원주민들을 고문

하고 처형했다고도 하는데… 수많은 역사 동안 정치와 종교는 뗄 수 없이 함께 가는 것 같다. 형형색색의 전통 옷이 꼭 무지개 색깔을 하고 있는 것만 같다. 그들의 종교가 그대로 반영된 것일까?

신전에서 나와 가까이에 있는 거리로 갔다. 옛 잉카족이 쌓았다는 로레토 길(12각돌)을 걷는데 깃발을 들고 사람들이 모여 가이드의 설명을 듣는 모습이 여기저기서 보인다. 그런 풍경을 보니 여행자 거리를 걷고 있다는 것이 실감이 난다. 12각돌에서 사진을 찍고 있는데 그 앞 상점에 있는 직원이 아주 상냥하게 우리에게 사진도 찍어주고, 전통 의상도 입혀준다. "친구! 쇼핑!"이라는 한국 단어를 말하며 눈웃음을 치면서 애교를 부린다. 어떤 의도에서 친절함을 발휘하는 줄은 알아도 이런 친절에 기분이 좋아진다.

쿠스코에 온 이유는 마추픽추를 보러 감이 크다. 딸은 그곳을 갈 수 있는 방법을 알아본다. 기차표를 예매하려고 했는데, 그것도 안 되어서 한국인 여행사에서 투어를 신청한다. 직접 발품을 팔아 예매를 하면 저렴하게 갈 수 있다. 하지만 편하게 가려면 조금 더 비싸더라도 투어 상품을 이용해서 다녀오는 것이다. 하지만 지금은 누구도 마추픽추로 가는 길을 장담할 수 없다고 했다. 언제 또 시위가 일어나 길이 막힐지 모른다면서 말이다. 참 스펙타클한 일의 연속이다. 일단은 내일은 못 간다고 했다. 그래서 딸은 주변에 무지개산이 있는데 그곳에 가는 것을 예약했다. 중국에서 비슷한 산을 봤던 나는 내일은 숙소에서 쉬기로 했다.

다음 날 아침, 모두가 분주하다. 민박집 사장님은 일출 보러 멀리 여행을 떠난다고 했고 딸도 새벽부터 이미 나가고 없다. 혼자 있는 나에게 예쁜 학생이 와서 "할머니, 재래시장 가요."라고 한다. 딸이 시집을 일찍 갔으면 손녀뻘인 친구였는데, 난 아쉽게도 손녀가 아직 없다. 얘기를 나눠 보니 예리는 늦둥이라 예리 엄마와 내 나이가 4살밖에 차이가 나지 않았다. 그걸 알고 난 예리는 자기 엄마와 나이 차이가 별로 안 나니 나를 이모라고 부르겠고 한다. 할머니에서 이모로 승격되는 순간이다.

민박집과 가까운 광장에서 주말에 재래시장이 열린다
면서 팔짱을 끼고 나에게 가자고 해주는 예리가 너무 사
랑스러웠다. 꽃과 화분, 그리고 먹을거리도 풍성했다. 예
리는 그곳에서 기념품을 사면서 애교로 상인들의 마음을
녹이며 가격 흥정에 들어간다. 그 애교면 깎아주지 않을
수 없을 것 같다. 나는 입은 있으나 말은 할 수 없고, 귀
는 있으나 들을 수 없기에 예리만 의지하고 있었다. 지금
은 내가 어린아이가 된 심정이다. 지금도 예리를 생각하
면 입가에 미소가 진다. 예리는 지금쯤 뭐 하면서 살고 있
으려나?

산 넘고 물 따라

아침부터 민박집은 들어오는 사람들과 나가는 사람들로 분주하다. 그중에는 며칠 전 마추픽추에 갔다가 오는 길에 기차 레일이 끊겨서 걸어서 돌아온 여행자도 있었다. 오는 길도 막힌 상태에서 죽지 않고 살아 돌아온 것을 축하해 달라고 하면서 너무 힘든 시간이었다고 했다. 오늘 우리는 불가능성을 가지고 불안한 마음을 잠재우고 마추픽추로 향해야 한다. 마추픽추에서 1박을 하고 와야 했기에 우리의 짐은 다 정리해서 한쪽에 놔두었다. 그리고 시내로 나갔다.

여행사 앞에서 기다리다 보니 여학생 한 명이 온다. 오늘 우리와 함께 동행할 친구라 했다. 다행인 건 출발은 일단 할 수 있으나, 가면서 도로 사정을 봐야 한다고 했다. 이때 내가 할 수 있는 건 기도밖에 없다. "무사히 다녀올 수 있게 해주세요." 기도 후에 우린 가이드가 운전하는 자동차를 따고 투어에 나섰다.

마추픽추로 바로 가는 것이 아닌 중간에 또 다른 관광지를 들렀다가 마추픽추까지 가는 코스였다. 달리는 차창 밖으로 저 멀리 눈산이 보이고, 그다음엔 나무도 자라지 않는 돌산, 그리고 차가 달리는 근처엔 곡식이 자라는 산이 차례대로 보인다. 넓은 대지에 심긴 밀은 추수할 시기를 지나고 있는 듯 보인다.

처음으로 우리는 천체로라는 곳으로 갔다. 잉카인들이 농업 연구를 한 곳으로 원형을 이루는 땅이 입체적으로 보인다. 그런데 그곳에서 우리는 가이드에게 전해 듣는다. 마추픽추로 가는 길이 통제가 되었다는 말을… 그러면 우리 이대로 마추픽추 못 가고 돌아가야 하는 건가? 불안한 마음이 드는 찰나, 가이드는 어떻게든 가보겠다고 한다. 그리고 이어 우리는 산 중턱에 있는 염전을 보러 갔다. 일어나지 않은 걱정으로 인해 지금을 소비하는 건 아니었기에 난 지금 이 순간 충실하려고 노력했다. 그리고 혼자가 아니었기에.

마지막 관문이 남았다. 산 끝자락에 있는 마을에 우리는 도착했다. 오는 길 도로에는 시위를 한 흔적들이 곳곳에 있었다. 간혹 있는 돌들과 나뭇가지들을 요리조리 피해서 가이드는 운전을 하였다. 마지막 마을에 도착하자마자 우리는 환호성을 지르며 박수를 쳤다. 이곳에서 마추픽추를 갈 수 있는 마을까지 기차를 타야 하지만 여기까지도 못 올 뻔한 것이다. 마지막 마을에서 투어를 한 다음에 우리는 기차를 기다리다가 기차에 탑승했다.

양쪽에 있는 높은 산 사이 계곡의 흐르는 물과 함께 기차는 달린다. 산 중턱에는 나무가 자라 밀림을 이루고 있는 곳도 있다. 가는 곳 중간중간에 평지가 있어 그곳에는 마을을 이룬다. 농토에는 옥수수, 감자를 심은 걸 보니 우리나라의 강원도 산골이 생각난다. 자급자족하며 먹고 살던 시절을 돌아보니 요즘에는 얼마나 편하게 살고 있는지에 대해 생각하게 된다.

1시간 40분쯤을 달렸을까. 최종 목적지 마을 아구아스 깔리엔떼에 도착했다. 열차의 도착과 함께 날도 저물어 어둡다. 호텔까지 패키지였기 때문에 호텔 직원이 우리의 이름을 들고 마중 나와 있다. 내일 아침에 마추픽추로 가려면 버스를 타야 하는데, 버스 티켓을 미리 사는 것이 좋다고 하여 한참을 기다려 버스 티켓을 샀다. 그리고 호텔로 갔다. 1박이었고, 그냥 잠만 자고 우린 내일 새벽에 가야 했기에 간단하게 씻고 바로 잠자리에 들려고 했다. 그런데 바깥은 축제 분위기다. 음악 소리가 크게 들려 바깥을 내다보니 전통 의상을 갖춰 입은 사람들이 악기를 들고 연주하며 행진을 하고 있다. 무사히 이곳에 올라온 우리를 축하해 주는 것만 같다. 아무래도 아침부터 긴장해서 피곤했는지 계속되는 그 소리 속에서도 나는 스르르 잠에 빠져 들었다.

마추픽추에 오르다.

마추픽추를 가기 위해 새벽 4시 30분에 일어나 준비를 하고 아침 식사를 했다. 여유가 있겠거니 생각하고 간 버스 정류장엔 사람들이 끝도 없이 줄이 서 있었다. 오 마이 갓! 이 사람들은 잠을 안 자고 온 건가? 우리도 제일 끝에 줄을 섰다. 우리 다음으로 온 사람들은 뒤에 줄을 섰는데 그 줄도 점점 늘더니 끝이 보이지 않는다. 줄을 서서 우리 차례가 오기까지 두 시간을 기다려 버스를 탔다.

우리를 태운 버스는 높은 산꼭대기를 향하여 굽이굽이 올라간다. 여기를 보아도 저기를 보아도 높은 산밖에 보이지 않는다. 어디에 유적지가 있다는 거지? 산등성이를 휘어 감고 있는 구름이 날아다니는 것만 같다. 이 산 저

산으로 마실을 다니는 건가? 차는 30분 정도를 올라갔다. 드디어 뭔가 보이기 시작한다. 차에서 내린 우리는 또 줄을 서서 마추픽추 관문을 통과하기 위해 기다렸다. 정말 이곳은 쉽게 올 수 있는 곳이 아니다.

드디어 문을 통과하고 우리는 세계 7대 불가사의에 선정된 '잃어버린 공중도시' 마추픽추의 이곳저곳을 돌아다니기 시작했다. 마추픽추를 서방에 알린 사람은 하이럼 빙엄이라고 알려져 있다. 하이럼 빙엄으로 말할 거 같으면 당시 예일대 학생이었다. 잉카 문명의 유적을 찾으러 온 대학 친구들과 함께 트래킹을 하고 있었다. 트래킹 3일째 우르밤바 강가에서 야영을 하고 있을 때 현지 농부가 다가와서 자신의 오두막 맞은편, 숲이 우거진 언덕에 고대 건축물들이 있다고 알려주었다고 한다. 그는 혼자 그곳을 조사해 보기로 하고 현지인들의 안내를 받으며 여름 내내 산 중턱을 힘겹게 올랐다고 한다. 고구마로 끼니를 때우기도 수차례! 그리곤 수백 개의 석조 건물이 옛 모습 그대로 보존된 마추픽추를 발견하게 된다. 유적지를 덮었던 숲을 걷어내고 100여 년이 흐르는 동안 수많은 연구가 있었다. 하지만 누가 언제 어떻게 이런 산 정상에 공중도시를 세웠는지 밝혀지지는 않았고, 마추픽추는 여전히 베일에 싸여 있다.

마추픽추는 농사를 짓는 농경지 구역과 종교시설과 주거지가 있는 시가지구역으로 나뉜다. 1990년대 초만 해도 마추픽추를 찾는 관광객은 연간 9000여 명에 불과하였다고 한다. 그러던 마추픽추가 유네스코 세계문화유산에 지정되고, 2007년 새롭게 선정된 세계 7대 불가사의 건축물에 오르자 그해 관광객은 하루 4000명을 돌파하여 폭발적으로 늘기 시작했다고 한다. 좋은 장소라도 이름이 없을 때는 사람들이 가치를 느끼지 못하는가 보다. 어떤 상을 탔다든지 무언가에 선정되었다든지 하는 것들에 우린 확실히 더 매력과 가치를 느낀다. 페루 정부가 벌어들이는 관광 수입의 70% 이상이 마추픽추에서 나온다고 하니 왜 교사들이 시위를 할 때 이 길을 막았는지 알겠다.

하지만 사람이 많이 모이는 곳은 훼손 가능성이 높은

것은 사실이다. 관광 수입의 증가와 비례하여 마추픽추는 점점 망가져 갔고, 마추픽추의 훼손을 보다 못한 유네스코는 하루 입장 인원을 500명으로 제한하라고 권고하였고, 현재는 오전, 오후 각각 600명 입장 인원을 제한하고 있다. 그래서 사람들이 그 인원 안에 들려고 새벽 일찍부터 줄을 서 있었던 것이었다. 이곳저곳을 돌아보긴 하지만, 그중에서도 사진이 잘 나오는 곳이 있다. 눈으로 가득 담는 것도 좋지만 우리는 나중에 사진을 보면서 추억하기에 여러 장의 사진들을 찍었다. 함께 하는 동행이 있어 사진을 찍어주니 그것도 좋았다.

마추픽추 오전반 관람을 끝낸 우리는 왔던 방식과 똑같이 줄을 서서 버스를 기다렸다가 버스를 타고 마을로 내려왔다. 그곳에서 점심을 먹고, 기차 시간까지 기다리다가 기차를 타고 왔다. 어제 가이드와 헤어진 마을에서 우리는 가이드를 만나 차를 타고 쿠스코까지 다시 올 수 있었다. 다시 만나니 괜히 더 반갑게 느껴진다. 우리는 차를 타고 내려오는데 젊은 외국 여행자들이 배낭을 메고 땀을 뻘뻘 흘리면서 걷고 있는 모습이 보인다. 역시 젊음이 무기인가 보다.

그렇게 마음 졸였던 마추픽추를 다녀오니 이제 남미에서의 숙제는 다 했다는 생각도 든다. 이곳에 왔을 때의 초조한 마음은 언제 어디로 갔는지 마음이 편하다. 돌아오는 길에 가이드 분은 산기슭을 가리킨다. 그곳을 보니 산중턱에 캡슐 모양의 집이 걸려 있다. 그게 호텔이라고 했다. 하룻밤 자는 비용이 몇백만 원을 호가할 정도로 굉장히 비싸다고 한다.

쿠스코 시내에 도착했다. 쿠스코 시내는 또 마사지가 유명하다. 숙소에 가기 전 피곤을 풀 요량으로 마사지샵에 가서 셋이 누웠다. 행복한 마음이 든다. 우리는 이제 숙소로 가서 짐을 가지고 다음 여정을 향해 가야 한다. 오늘은 야간 버스를 탄다고 했다. 마사지를 받고 숙소로 가니 아래에 사는 현지인들과 함께 삼겹살 파티를 할 예정이라고 한다. 우리는 페이를 지불하고 저녁으로 삼겹살 파티에 참석하였다. 버스 시간이 다가오고 있다. 더 있고 싶었지만 어쩔 수 없이 짐을 가지고 우린 작별 인사를 한다. 갑자기 여 사장님이 내가 낸 식대값을 돌려준다. 그동 안 내가 여기 머물면서 청소도 하고, 빨래도 개면서 소소 한 일들을 도왔었는데 그게 고마웠나 보다. 먼 곳에 와서 이렇게 한국인의 정을 느끼니 나도 기분이 좋았다. 택시 를 타고 버스 정류장으로 가서 기다리다가 우린 밤 9시에 야간 버스에 몸을 실었다. 오늘은 버스에서 푹 자면 아침 에 그다음 목적지에 도착해 있을 것이다.

자연 그대로의 깊은 협곡이 있는, 아레키파

버스를 탔을 땐 깜깜한 밤이었는데, 눈을 떠 보니 아침이 온 것 같다. 그리고 우린 백색의 도시라 불리는 '아레키파'에 도착했다. 아레키파에는 한인 민박이 없었기에 호스텔을 선택했다. 2층 집에 정원도 있고, 무엇보다 직원이 친절해서 기분이 좋았다. 별관처럼 보이는 1층에 방을 배정받고 우린 일단 짐을 푼다. 여행할 땐 짐을 싸고 푸는 일이 매일같이 해야 할 일이다. 집에 있었으면 집안일을 해야겠지만. 딸은 호스텔 직원과 이야기를 한참 나누더니 내일 새벽에 콜카 캐넌이라는 협곡에 가는 투어가 있는데 가자고 했다. 그런데 새벽 3시에 일어나야 한다는 것이다.

짐을 풀고 근처 동네 구경을 나간다. 아레키파는 건물들이 흰색을 띠고 있어 깔끔한 느낌을 준다. 아레키파는 2000년 유네스코 세계문화유산으로 등재되기도 했다. 화산을 품고 있는 도시여서 화강암을 주재료로 건축된 건물이 많다 보니 도시 전체가 하얀 느낌인 것이다. 스페인이 침략할 당시 아레키파는 가장 부유했던 도시라고 한다. 그 모습들이 곳곳에 나타나 있다. 아레키파는 알파카 공장이 유명하다고 하고, 트래킹을 하기 위해 사람들이 많이 찾는다고 한다.

다음 날 새벽이 되었고, 우린 준비를 하고 로비로 나갔다. 로비에서 기다리는데 아무리 기다려도 우리의 이름을 부르는 차는 오지 않는다. 새벽이라 직원도 취침 중인 것 같다. 30분 이상을 기다렸을까. 드디어 우리의 이름을 부르는 차가 왔다. 그런데 이게 뭐지? 딸이 말한다. 분명히 밴을 타고 간다고 했는데 대형 버스가 왔다고. 새벽이라 찬기가 올라왔다. 버스에는 담요가 준비되어 있어 담요를 덮고 우리는 버스에서 잠깐의 잠을 청했다. 그 사이 해는 떠올랐고 아침이 밝아왔다.

버스는 굽이굽이 산을 올라가더니 산자락에 있는 집 앞에 정차한다. 이곳에서 아침을 먹는다고 내리라고 했다. 금강산도 식후경이라 했으니… 삼삼오오 테이블에 모여 준비해 준 아침 식사를 현지식으로 먹었다. 이제 본격적으로 투어 시작이다. 우린 다시 버스에 타고 가이드는 양쪽으로 보이는 산을 보면서 설명을 해준다.

이곳은 지형상 위쪽은 춥고 건조하고, 아래쪽은 따뜻하다고 한다. 이 지역 사람들은 대부분 농업에 종사하고, 20% 정도는 관광업에 종사한다고 했다. 잉카시대 때 이 산에서 감자를 처음으로 연구해서 농사를 지었다고 한다. 여기 사람들은 감자를 주식으로 먹어서 감자처럼 동글동글하게 생겼다고 해서 모두 웃었다. 차를 타고 가는데 차창 밖으로 농사짓는 풍경이 보인다. 산기슭에 돌단이 정교하게 쌓여있다.

조금만 더 가면 콜카 캐년이라고 했다. 지금 우리가 가는 곳은 해발 3,400m 정도 된다고 했다. 콜카 캐년은 세계에서 두 번째 깊은 협곡으로, 미국에 있는 그랜드 캐년

보다 2배 정도가 깊다. 그랜드 캐년을 가봤던 터라 그 깊이에 대한 체감이 더 실감나게 느껴진다. 어느새 우리는 콜카 캐년에 도착했다. 사람들은 버스에서 일제히 내렸다. 여기에선 남미를 대표하는 새인 콘도르를 볼 수 있다고 했다. 검정색, 흰색, 회색 세 종류의 새가 유유히 협곡 아래, 위로 날아다니고 있는 것을 볼 수 있다. 사람들은 각자 자신의 카메라에 그 모습을 담기 위해 셔터를 누르느라 바쁘다. 이곳 남미 사람들은 콘도르를 신성시한다고 하는데, 과거 잉카인들은 영웅이 죽으면 콘도르로 환생한다고 믿었기 때문이 아닐까 한다.

이곳은 사람이 살지 않는 그랜드 캐니언과는 달리 1세기 전부터 사람들이 거주하였다고 한다. 특히 15세기 이후에 잉카인들이 만든 것으로 추정되는 계단식 밭들이 남아 있다. 협곡을 지나나 보면 여기저기 작은 마을이 보인다. 주민들은 모두 잉카의 후예들로 선조들의 언어와 관습을 지키면서 농사를 짓고, 라마와 알파카를 기르며 생계를 유지한다. 무엇보다 이들의 특색은 색깔이 화려한 옷을 즐겨 입는다는 것이다. 나 또한 화려

한 색상의 옷을 좋아하긴 해도, 이들의 화려함을 따라
가려면 아직 먼 듯하다.

아레키파는 화산 도시라고도 할 수 있다. 버스를 타고
가다 보면 군데군데 산봉우리에서 화산이 터져 나와 연기
가 피어나오는 것을 볼 수 있다. 화산 도시에선 온천을 즐
길 수 있기에 잠시 우린 온천욕을 즐길 수 있었다. 미리
준비해 온 수영복을 갈아입고 온천욕을 즐겼다. 그리고
우린 아주 오래전 화산 폭발로 인해 많은 사람이 희생되
었지만, 아직 건재한 마을을 돌아보았다.

우리가 태어날 때 사는 곳을 내 마음대로 선택할 수 없
다. 주어지는 대로 환경에 적응하면서 살아가는 게 우리
의 숙명이 아닐까 한다. 또 그곳에 발맞춰서 살아가고. 만
약 그곳에 만족하지 못하면 다른 곳으로 옮기면서 적응하
고 살아가는 것이 아닐까. 지금껏 살아온 환경을 마음대
로 바꿀 순 없어도 하루하루 조금 더 의미 있고 즐겁게 살
아야겠다는 생각이 든다.

낭만의 리마

우리는 이제 페루의 수도이자 페루의 마지막 코스인 리마로 가야 한다. 그런데 며칠 전 아레키파에 난 지진으로 인하여 도로가 막혔다고 한다. 복구하는 데 일주일 이상이 걸릴 수도 있다고 해서 비행기를 예약했다. 그래서 우리는 아레키파에 하루 더 머무를 수 있었고, 유유자적 보내다가 저녁을 맞았다. 밖을 내다봤는데 정원에서 숯불을 피우고 있는 직원이 나를 보더니 오라고 손짓을 보낸다. 먹는 몸짓까지 보이면서 말이다. 멀뚱멀뚱 앉아 있는 날 보더니 나에게 와서 설명을 해준다. 이해한 바로는 주인이 투숙객을 위해 바비큐 파티를 열어서 먹으러 오라는 것이었다. 낮에 빵을 먹고 허기져 저녁엔 무엇을 먹어야 하나 고민하고 있었던 찰나였는데, 그야말로 '쌩유베리감사'를 외치지 않을 수 없다.

각자의 목적으로 이곳에 온 여행자들이 앉아서 식사를 하면서 대화를 나눈다. 딸은 외국인 청년들과 대화를 나누며 화기애애한데 난 그들을 멀뚱멀뚱 바라만 보고 있다. 이내 난 접시에 있는 구운 소고기, 파인애플, 감자, 샐러드를 바라보며 행복감에 젖는다. 타국에 와서 이런 정을 느낄 수 있고, 사랑이 있는 자리에 있다는 사실이 행복하고 기쁠 뿐이다. 두고두고 생각날 것 같다.

우리는 다음 날 아침 일찍 리마로 가는 비행기를 탔다. 비행기에서 보니 종이를 구겨 놓은 것 같은 산들이 한없이 보인다. 1시간 30분을 지나니 리마에 도착한다는 방송이 나온다. 산은 온데간데없고 구름이 둥실둥실 떠 있다. 바다에 뜬 배도 보인다. 공항에 도착하여 예약해 놓은 한인 민박을 찾아갔다. 페루의 수도답게 도시도 크고 깨끗하며, 길게 바다가 펼쳐져 있다. 민박집은 깨끗하게 잘 정돈된 도심의 주택들 사이에 있었다. 도착하니 거실에서 있던 한국 청년들이 우릴 맞아준다.

아레키파에서 버스를 타고 왔으면 그 사이에 있는 도시를 들렀다가 순서대로 리마에 올 텐데 리마부터 왔기에 딸은 여기다 거점을 두고 다른 곳으로 왔다 갔다 하겠다고 했다. 난 이곳에서 혼자 일주일을 있기로 했다. 그래도 한국인 여행자들이 왔다 갔다 하는 곳이기에 말이 통하니 혼자 있어도 괜찮다.

딸은 다른 곳으로 2박 3일 트래킹을 다녀오겠다고 했고, 책을 좋아하는 나는 숙소에 있는 책을 읽기 시작했다. 책을 읽고 있는 나에게 어떤 여학생이 다가와서 대화를 하였다. 자기도 엄마와 여행을 하고 싶은데 엄마가 일하느라 함께 오지 못했다고 한다. 함께 산책하러 가자고 나갔는데 숙소에서 5분 정도 걸어 나오니 탁 트인 바다가 보인다. 이것도 모르고 계속 숙소에만 있을 뻔했다.

리마는 현대와 과거 문명이 공존하는 도시다. 신시가지와 구시가지가 있는데 우리가 있는 곳은 신시가지였다. 구시가지에는 스페인 식민지 시대에 지어진 고풍스러운

중세 건물이 많고, 이쪽 신시가지에는 현대 건물을 많이 볼 수 있다.

리마는 맑은 날보다 흐린 날이 많아 우울증으로 시달리는 사람들이 많다고 한다. 생각해 보니 리마에서 쨍한 햇빛을 보지 못한 것 같다. 바다를 바라보니 이런 추운 날씨에도 바다에서 서핑을 즐기는 사람들이 있었다. 여학생도 서핑을 해봤다고 한다. 물에서 위험하지 않은 보호대를 하고, 몸의 체온을 유지하며 서핑한다고 알려준다. 그리고 여기에서 쭉 가면 태평양을 건너 우리나라에 도착할 수 있다고 한다. 그렇게 말해주니 우리나라가 멀지 않은 느낌이다. 바다를 계속 바라보고 있으니 파도가 하얗게 부서지는 것이 보인다. 나는 이 파도를 바라보며 '낭만'이 있다는 생각이 들었다.

옆에 공원이 있어 갔더니 사랑의 공원이라 했다. 학생이 그 나라 돈이 없는 나에게 아이스크림을 사줘서 사이좋게 먹었다. 공원이라 그런지 아이들이 뛰어노는 모습이 보인다. 그 여학생은 자기가 결혼하면 아이는 세 명을 나을 거라고 했다. 요즘 시대 그렇게 많이 나을 거라고 말하는 청년이 드문데 기특한 마음이 들었다.

우리는 여행지에서 낭만을 느끼고 싶어한다. 일상에서
는 느낄 수 없는 조금은 들뜬 마음이 낭만일 것이다. 바다
에서는 서핑하는 사람들처럼 바다에서 할 수 있는 것으로
낭만을 느끼고, 설산에서는 스키를 타면서 우린 또 여행
의 낭만을 찾는다. 난 이번 여행에서 어떤 낭만을 찾고 있
을까? 사실 낭만을 느끼러 온 여행이긴 하지만 체력적으
로나 여러 가지 상황적으로 녹록치 않음을 알게 된다. 평
소 생각해 왔던 '낭만'이 사치였음을 깨닫는다. 낭만을 위
한 여행은 위험으로부터 보호되어야 가능한 것임을 느낀
다. 어쩌면 낭만이란 것은 이 모든 경험들을 통해서 내 마
음에 얻어지는 평안일지도 모른다는 생각이 든다.

쿠바

어머니, 부러워요

리마에선 그렇게 일주일 혼자 있으면서 오고 가는 청년 여행자들을 많이 만나고 이야기도 나누었다. 대부분 리마에는 그렇게 길게 있지는 않는 거 같았다. 특별히 할 게 많지 않았기 때문이다. 대부분 아래에 있는 사막 동네인 이카에 가거나, 위쪽에 있는 와라즈에 가서 트래킹을 한다는 것이다. 아마도 리마에서 최장기간 머무는 여행자가 되지 않았을까.

리마에서 만난 친구들에게 우리가 다음 여정으로 갈 쿠바에 대한 이야기를 들었다. 누구는 쿠바가 너무 좋다고 했고, 누구는 정말 싫다고 했다. 같은 장소라도 이렇게 경험에 따라 느끼는 게 다른 것 같다. 과연 나는 쿠바를 어떻게 느낄까? 쿠바는 인터넷이 안 된다고 보면 되기에 숙소도 인터넷으로 예약할 수 없고 가서 일단 부딪혀야 한다. 그래서 딸도 쿠바를 다녀온 여행자들에게 이것저것 물어보며 정보를 얻는다.

내내 흐렸던 리마를 뒤로하고, 쿠바로 향하는 비행기를 탔다. 비행기가 착륙하는 순간 사람들이 일제히 박수를 치며 환호한다. 다른 곳에서는 이렇지 않았는데 신기한 광경이다. 쿠바는 공산주의 국가라서 발전이 되지 않는다고 한다. 옛 모습을 고스란히 간직하고 있다고. 다른 나라와도 교류가 활발하지 않아서 물자가 부족하고, 공산품이 비싸다고 했다. 부족한 대로 살아야 하는 쿠바! 불편하다고 하는데, 얼마나 불편할지 궁금했다. 섬나라인 쿠바의 면적은 우리나라와 비슷한데 인구는 천만 명을 조금 넘는다고 한다.

비행기에서 내려 공항에서 환전한다고 기다렸다. 줄이 얼마 서 있지 않는데도 시간이 오래 걸리는 것을 보고 딸은 불만을 토한다. 일처리가 완전 느린가 보다. 환전하고 우린 밖으로 나왔다. 우리나라 여름보다 더 더운 느낌이다. 찜질방에 불을 때 놓은 것만 같은 날씨, 그런데 일 년 내내 이런 온도를 유지한다고 한다. 겨울 시즌에는 지금보다 좀 낮아지긴 해도.

숙소를 찾아가는 방법은 택시가 제일 편하다고 해서 택시를 탔다. 가는 풍경 속에 사람들이 보이는데, 피부색이 까만 사람들이 아직 적응이 안 된다. 숙소도 예약할 수 없어 무작정 찾아간다고 했다. 미리 알아둔 숙소로 찾아갔는데 사람이 없어서 다른 곳으로 다시 갈 수밖에 없었다. 그런데 그 수고의 대가를 더 요구한다.

쿠바의 숙소는 자신의 집을 게스트 하우스로 운영하는 시스템이다. 우리가 들어갈 건물이라 해서 보니 태극기가 걸려 있어 반갑다. 2층까지 짐을 가지고 열심히 올라갔다. 문을 열고 들어가니 일본 청년이 "안녕하세요" 하며 어설픈 한국어로 활짝 웃으며 반겨준다. 연세가 드신 부부께서 운영하는 숙소였는데, 주인은 친절하게 모든 것을 알려주고 화장실이 있는 방으로 특별 배려를 해 주셨다. 한국인들이 많이 가는 숙소가 세 군데가 있다고 하는데 이곳이 그 세 곳 중 한 곳이라 했다. 그리고 그중에서 제일 시설이 좋은 곳이라고 했다. 아무래도 잘 찾아온 것 같다. 이곳에 있으면 쿠바의 모든 정보를 알 수 있을 거래나!

해가 지면서 밖에 나갔던 여행자들이 하나둘씩 들어오더니 우리나라 청년들이 한 소대를 이룬다. 여기는 진짜 한국 여행자들만 오는 곳인가보다. 간혹 일본 여행자도 보이긴 하지만. 저녁 시간이 되어 각자 저녁을 먹고 모여 앉은 이들은 커피를 마시며 이야기꽃을 피운다. 이번에 쿠바로 여름휴가를 오는 사람이 많았던 건 쿠바 저가 항공 이벤트 때문이라고 한다. 우리는 남미에서 천천히 올라왔지만 이곳에선 한국에서 곧장 쿠바로 온 여행자들을 많이 만날 수 있었다. 또 더 놀랐던 건 아르헨티나 남미사랑 민박집에서 만난 친구들을 여기서 또 만나게 된 것이다.

이야기하다 보니 주제가 '어머니와 여행하기'로 자연스럽게 흘러간다. 내가 이렇게 딸과 여행하는 것을 보고 자기들도 기회가 되면 엄마와 여행을 다니고 싶다고 한다.

간호사로 일을 하다가 퇴직하고 퇴직금을 가지고 여행을 온 이들이 많았다. 병원에서 있었던 에피소드들도 말해준다. 부모를 모시고 병원에 온 자녀들을 볼 때 부모한테 잘하면서 좋은 영양제를 놓아 달라는 자녀가 있는가 하면 반면 아파서 병원에 온 부모님에게 왜 병원에 왔냐며 핀잔을 주는 자식도 있다고 했다.

이야기를 듣던 옆에 있는 아가씨가 말을 이어간다. 자기는 소아과 중환자실에서 간호를 했는데 병원에서 키울 수 없다는 아이를 사랑으로 돌보아 점점 호전되는 경우를 봤다고 한다. 반면에 치료하면 나을 수 있는 아이를 부모가 돌보지 않아 건강 상태가 더 나빠진 경우도 많다고 한다. 결국 우리 모든 삶의 답은 '사랑'에 있지 않나 생각한다.

한참 자신들의 이야기를 하던 아가씨들이 날 보더니 "어머니! 부러워요" 한다. 그러면서 덧붙인다. "그래도 딸하고 이렇게 여행하다 보면 많이 싸우지 않아요?"라고.

생각해 본다. 지금까지 두 달이 넘는 시간을 딸과 여행하면서 싸운 적이 없어 신기할 뿐이다. "싸우면 절대 안 되지. 그럼 난 국제 고아 되는데? 난 그저 여행자를 따라다니는 따라병이야." 거울을 보니 삐져나온 흰머리들이 집 나오고 얼마만큼의 시간이 흘렀는지 알려주고 있다. 난 여기선 머리 꽁지를 아기처럼 묶고 다닌다. 한국에선 가끔 말도 강하게 하던 엄마가 이곳에선 말 못 하는 순한 양이 되어 졸졸 따라다니니 딸도 나를 귀엽게 바라볼 뿐이다. 끝까지 아마 우린 싸우지 않을 것 같다.

사회주의 속에서 자본주의를 보다

    쿠바의 아바나라는 도시는 확실히 불편했다. 현지인들이 사용하는 돈과 여행자들이 사용하는 돈도 따로 있다고 한다. 현지인들의 물가는 굉장히 싼데 여행자들은 비싼 값을 치러야 했다. 하지만 만족도는 그 가격에 비해 크지 않는다.

    쿠바는 공산주의 국가라서 대학교까지 교육비는 들지 않아도 월급이 터무니없이 작아서 쿠바의 청년들은 쿠바가 아닌 다른 나라로 가기를 꿈꾸는 듯 보였다. 다른 나라에 가기 위해선 외국인과 결혼하는 방법이 제일 좋다고 하여 혼자 온 여자 여행자들에게 유혹을 많이 한단다. 몰랐던 전혀 다른 세계와 마주하니 모든 것이 새롭기만 하다. 하지만 나와 다니는 딸은 그런 기분을 느낄 리가 없다. 혼자 다니는 다른 여자 여행자들에게 이런 에피소드들을 들을 뿐이다. 내가 있어 안전하게 다니는 건지, 아니면 더 재미있을 기회를 놓치는 건 아닌지.

　오늘은 아바나 시내를 돌아보기로 했다. 중심가는 숙소 근처에서 타는 빨간 2층버스를 타고 돌았다. 날씨가 화창했었는데, 갑자기 먹구름이 끼더니 비가 내린다. 2층에서 시원하게 있던 우리도 비를 피해서 지붕이 있는 1층으로 내려왔다. 버스를 타고 시내 겉핥기를 하니 1시간 정도가 소요된 것 같다. 날씨는 또 이내 맑아졌다.

　우리는 아바나 맞은편으로 보이는 모로 요새를 가기로 했다. 쿠바에 즐비하게 있는 올드카를 타고 가는 방법도 있지만, 현지인들이 타는 배를 타고 그곳으로 향했다. 현지인들의 요금은 진짜 저렴했다. 냉방 시설도 잘 되어 있지 않아 어디를 가나 더위와 싸워야 했고, 미흡한 시설에 많은 인내를 해야 했다. 배에서 내려서 걸어 올라가니 예수상이 우뚝 서 있다. 예수상을 바라보니 나도 모르게 인내의 마음이 뭉클함으로 바뀌었다.

쿠바에선 여행자들이 모여 이야기꽃을 피울 수밖에 없다. 인터넷이 안 되니 각자 따로 휴대폰을 보면서 있을 시간이 없는 것이다. 그리고 여러 여행자를 만나서 대화할수 있어 재미있다. 여행을 온 부부가 있어 이야기를 나누게 되었는데, 남자분이 쿠바 여행에 대한 불편함을 호소했다. 그리고 여행하면서 가이드를 통해 알게 된 사실을 알려 주었다. 이 나라는 사회주의에 대한 자부심이 대단하다고 했다. 결혼하면 정부에서 집을 한 채 주는데 만약둘이 못 살고 헤어질 경우에도 같이 사는 척을 한다고. 집을 빼앗기기 때문이란다. 남자분은 여행 와서 이렇게 불편한 곳이 없었다면서, 불편한데 물가도 비싸다면서 쿠바를 자신의 여행 지도 속에서 지우고 싶다는 말까지 덧붙였다. 그리고 우리는 한국이 천국이라며 서로 마주 보고웃었다. 이렇게 또 남모를 애국심이 발동하나 보다. 한국에만 있었으면 이런 감정까지 느끼지 못했을 것 같은데, 쿠바라는 나라를 경험하면서 이런 느낌도 갖는다. 여행이

깨달음을 주는 것은 사실이다.

아바나에서 2시간 거리에 있는 '바라데로'라는 곳에도
갔다. 양옆으로 카리브해 해안이 있는 길이 나 있고 호텔
들이 즐비해 있는 휴양지다. 그곳엔 캐나다인들이 휴양을
많이 온다고 했다. 같은 쿠바라는 나라인데 사뭇 다른 모
습에 약간의 이질감도 느껴졌다. 사회주의가 전부인 줄
알고 살았던 이 나라 사람들도 점점 밀려오는 자본주의
맛을 보고 있다고 했다. 그러면서 더디게 변화하고 있단
다. 아직까지 변화를 모르던 쿠바에 앞으로 어떤 일들이
일어날지 궁금하다.

전혀 나와는 관계도 없고, 관심도 없었던 쿠바란 나라
에 발을 딛고 나니 관심이 생긴다. 여행이란 이렇게 몰랐
던 세계들을 알게 되면서 조금씩 변화하고 성장하는 일이
아닐까 생각해 본다. 사회주의 속에서 자본주의를 맛보며
차근차근 변해가는 쿠바처럼.

뜨리니다드 농장 투어

쿠바는 대중교통 수단이 좋지 않다고 한다. 시간을 아끼기 위해서는 택시를 타고 다니는 것이 좋다고 했다. 그래서 어딘가를 가고자 하면 숙소에서 예약하면 서로 연락을 해서 연결을 시켜 준다. 아바나에서 동남쪽에 있다는 뜨리니다드에 가기로 했다. 오늘 우리를 뜨리니다드까지 안전하게 데려다 줄 운전 기사님이 오셨다. 차에는 일본인 청년, 한국인 청년 그리고 딸과 나 이렇게 네 명이 탔다. 난 역시나 우대를 받아 운전사 옆좌석에 앉아 조금은 편하게 올 수 있었다. 운전사는 훤칠하고 인상이 좋았는데 거기에 개구지기까지 했다. 나를 보고 자꾸 놀리고, 말을 걸어 장거리였는데도 불구하고 지루한지 모르고 뜨리니다드에 도착했다. 같이 차를 타고 왔던 일본 청년은 다른 숙소에서 내리고, 한국 청년과 우리는 같은 숙소로 갔다.

이곳에서도 역시 일단 소개받은 숙소로 갔는데, 자리가 없다고 하여 다른 숙소로 우리를 안내해 주었다. 소개받은 숙소에 들어가니 거실 식탁에 한국 사람들이 모여 앉아 있다. 그런데 낯익은 얼굴이 보인다. 바로 페루 쿠스코 민박집에서 만났던 채은이었다. 채은이는 멕시코에서 교환학생을 하고 있는데 방학을 맞아서 엄마, 이모가 놀러 와서 함께 여행 중이라고 했다. 우리나라에선 만날 수 없는 사람들, 여행지이기 때문에 나의 삶의 반경에서 벗어나 다양한 사람들을 만날 수 있는 것 같다. 반갑게 인사를 하고 일단 방에 짐을 풀었다. 아이들은 밖에 나가서 동굴 클럽에 간다고 했고, 우리는 앉아서 옛날 추억 속의 이야기로 빠져들었다. 여긴 쿠바가 아닌 한국의 어느 이웃집 사랑방에 모여 앉아 이야기하고 있는 것만 같았다. 채은이네는 내일 근교에 있는 농장투어를 간다면서 우리보고 추천해 준다.

뜨리니다드는 아바나보다 더 정겹게 느껴진다. 우리의 시골 마을을 생각나게 한다. 건물들의 색깔도 원색을 띠고 있어 보는 재미가 있다. 채은이네의 추천대로 오늘은 도시를 벗어나서 기차를 타고 여행하기로 했다. 기차도 옛 역사 속에 남아 있을 것만 같은 증기기관차였다. 조금만 움직여도 땀이 줄줄 흐른다.

우린 똑같은 하늘 아래 살고 있지만, 지형에 따라 날씨며 기후며 다 다르다. 구름이 하늘을 내내 가려있던 리마와는 달리 이곳의 하늘은 자기 멋대로였다. 햇빛이 쨍하고 떠 있다가도 먹구름이 금세 끼면서 비가 내리는 종잡을 수 없는 날씨다. 다행인 건 뜨리니다드는 아바나보다는 점잖았단 사실이다. 사정없이 뜨거운 바람이 부는 가운데 기차를 타고 칙칙폭폭 달리니 시원한 바람이 느껴진다. 기차 화통소리가 장난이 아니다. 기차 소리를 들으니 흘러간 세월에 대해 회상하게 된다.

집 앞을 지나가는 기차를 보며 손을 흔드는 아이들의 모습이 보인다. 대량으로 심겨진 바나나밭, 고구마가 자라는 밭이 있고 옥수수는 수확 중이다. 방목하는 소와 말은 풀을 뜯고 열대과일인 망고는 가지가 휘어질 정도로 풍성하다. 기차는 기적을 울리며 1시간을 가더니 멈춰 서서 1시간의 시간을 준다. 우리가 내린 곳은 잉헤니오스 농장으로 이곳엔 스페인 사람들이 노예들을 감시하기 위한 감시탑이 있다. 드넓은 농장에 혼자만 우뚝 솟은 45m 되는 감시탑을 보며 많은 생각을 하게 한다. 똑같이 존중받아야 할 인간인데 권력이란 게 무엇인지에 대해 말이다. 피부색이 다르고 사는 언어와 문화 등의 환경이 달라도 모든 사람은 존중받아야 마땅하다. 서로 사랑과 상호 존중으로 하나 되는 세상을 그려본다.

농장 여행을 마치고 나서 올드카를 타고 숙소에서 추천해 준 해변으로 나갔다. 바다가 에메랄드빛을 내며 파도도 없이 잔잔하다. 물놀이하기에 딱이다. 물을 좋아하는 나인지라 시간이 아까워 얼른 물속에 들어갔다. 태어나서 처음 보는 에메랄드빛 물에 몸을 담그고, 따뜻한 기운까지 돌아 물에서 나올 줄을 몰랐다. 이곳은 수심이 깊지 않아 가족 단위로 와서 노는 모습이 보인다. 할아버지와 손자가 정겹게 공놀이를 하는 모습을 보다가 나는 물 밖으로 나갔다. 모래가 뜨거워 찜질을 하면 좋겠다는 생각에 아픈 무릎을 대고 모래찜질을 해 본다. 물에서 노는 어린 아이들을 보고 있으니 손자 생각이 난다.

쿠바 오기 전 리마에서 통화했던 손자 목소리가 귀에 아른거린다.

"우리 할머니 맞아요? 나 할머니가 보고 싶어서 울었어요."

어느덧 남미에 온 지 두 달이 지나고, 석 달이 되는 시점이었다. 여행하면서도 전화를 할 수 있는 좋은 세상이란 생각을 했었다. 그런데 여기선 통신이 두절 된 상태이다. 쿠바에 와서 새삼 자본주의에 감사함을 느꼈다는 어느 여행자의 말이 생각난다.

해수욕할 때는 몰랐는데 숙소에 와서 샤워하고 보니 햇볕에 노출되었던 피부가 쓰라렸다. 연고를 발랐는데 쉽게 낫지 않을 것 같다. 쓰라림은 나의 입맛까지 앗아간다. 뭐든 과하면 안 된다는 것을 새삼 깨닫는다.

멕시코

마야 문명을 접하다

통신 두절의 상태에서 10일을 보냈다. 아날로그 생활로 돌아가니 사람들하고 대화를 많이 할 수 있고, 생각을 많이 해서 좋은 점도 있었고 불편한 점도 있었다. 모든 것은 양면성이 존재하니… 그래도 정이 들려고 했는데 이제 진짜 마지막 나라로 떠난다. 딸과 함께한 남미 여행의 종착지인 것이다. 실제로 지금 우리가 있는 쿠바와 다음에 갈 멕시코 칸쿤은 남미가 아닌 중미였지만 딸이 쿠바를 꼭 와 보고 싶다고 해서 이렇게 루트를 정했다. 정들려면 떠나야 하는 게 여행이다. 오늘 또 이렇게 든 정을 떼어 놓고 칸쿤 가는 비행기를 탔다. 칸쿤에 도착하자마자 세차게 비가 내린다. 우린 가까스로 택시를 타고 칸쿤 공항에서 조금 떨어진 플라야 델 카르멘이라는 곳으로 예약해 놓은 숙소를 찾아갔다.

다음 날 아침 버스로 투어를 간다고 했다. 모이라는 곳으로 가서 기다렸더니 승합차가 왔다. 인원을 태우고 와서 빈자리에 앉았는데 앞에 휠체어가 있다. 승합차를 타고 조금 가서 버스 정류장으로 갔다. 그곳에서 차는 정차하더니 버스로 갈아타라고 했다. 승합차 앞에 타고 있던 사람이 휠체어를 타고 우리와 같은 버스에 탄다. 어떤 사연이 있을 거 같은데 어서 빨리 나으면 좋겠다는 생각을 가져본다.

40인승 정도 되는 버스를 타고 1시간 정도를 달렸다. 버스는 숲이 우거진 곳에 정차하고 우리더러 내리라고 했다. 이곳은 세노떼라고 하는데, 세노떼는 석회암 암반이 함몰되어 지하수가 드러난 천연샘이라고 한다. 깊은 웅덩이가 파진 곳에 물이 있는데 사람들이 수영복을 입고 들어간다. 다이빙을 즐기는 사람들도 있다. 여기까지 왔으니 들어가자면서 수영복을 입고 물에 들어갔다가 바로 나왔는데 이상하게 기분이 별로 좋지 않았다. 그곳에서 우리는 1시간을 보내고 버스를 탔다.

버스는 또 한참을 달린다. 점심시간이 되어 점심을 먹을 모양이다. 버스에서 내려 레스토랑에 들어가니 전통 의상을 입은 마야족이 우릴 맞아준다. 뷔페로 점심을 먹는데 전통 복장을 한 사람들이 나와서 공연을 한다. 우리는 공연을 관람하면서 식사를 한다. 식사를 마치고 나오는데 이들은 팁을 요구하고 있었다.

이제 투어의 마지막 코스인가보다. 치첸이사라고 하는 피라미드 건물이 있는 곳에 우린 내렸다. 기원전 수 세기 전부터 멕시코와 중미지역에서 마야족은 독자적으로 발전하며 고대 마야제국을 건설하였다고 한다. 이들은 A.D 5세기경에 이곳 치첸이사를 중심으로 최고의 전성기를 맞이하였는데… 어디든 번영이 있으면 몰락이 있다. 이들은 대도시를 중심으로 번영하다가 상호 간의 내전으로 여러 곳으로 흩어졌다고 한다. 가장 뛰어난 라틴 아메리카 고대 문명으로 평가받고 있는 마야 문명의 흔적을 우리는 여기서 찾을 수 있는 것이다.

이곳에선 영어 또는 스페인어 가이드를 선택해서 따라다니면서 유적지에 대한 설명을 들을 수 있다. 하지만 난 따라다니지 않고 의자에 앉아서 기다리겠다고 했다. 멀리서 봐도 다 보이기 때문이다. 나무 아래 그늘에 앉아 있는데 한국말이 들린다. 반가운 마음에 난 쳐다보고 인사를 한다. 미국에 사는데 이곳에 여행을 와서 한국에 있는 엄마한테 전화해서 통화했다고 하며, 나에게 즐거운 여행하라고 하고 사라진다.

우리와 같은 투어버스를 탄 한국 청년이 있었다. 그 청년은 나에게로 와서 피라미드에 대해 말해준다. 영화에서 봤는데 사람 심장을 꺼내 피라미드의 가장 높은 곳에서 사람을 굴려서 제물로 바쳤다고 한다. 피라미드에는 계단이 꽤 많았는데 예전에는 여행자들이 올라갈 수 있었나 보다. 그런데 몇 년 전에 꼭대기에 올라갔던 여행자가 굴러떨어지는 사고가 발생하고 나서 올라가는 것을 금지했다고 한다. 그리고 또 그 청년은 덧붙였다. 우리가 오다가 만난 우물같이 생긴 세노떼는 예전에 신에게 여자를 제물로 바쳤던 곳이라 했다. 아마 그 밑엔 사람 뼈들이 있을 거란 말이 들으니 갑자기 섬뜩한 기분이 들었다. 어쩐지 기분이 좋지 않더라니….

역사를 들여다보면 많은 사람의 희생이 있었다는 것을 볼 수 있다. 누군가의 희생 없이는 또 역사라는 것은 만들어지지 않을 테니까….

잊지 못할 핑크빛 염전

누구나 자신있다고 생각하는 일이 한두 가지는 있을 것이다. 나에게 그것이 뭐냐고 물어본다면 난 '운전'이라고 말할 수 있다. 딸이 영어 학원을 운영했을 때 난 학원 봉고차를 운행했다. 파릇파릇한 어린 새싹들 같은 어린이들을 안전하게 운행하면서 나름 선생님이라는 소리도 들었다. 그중에 "차량 선생님! 차량 선생님은 예뻐요!" 하는 아이가 있었다. 그 말을 듣고 난 더 외모에 신경 쓰게 되었다. 나도 모르게 그 말에 신경을 쓰며 아이들에게 예쁘게 보이고 싶은 마음이 컸나 보다.

갑자기 차량 운전하던 시절이 떠오르는 이유가 있다. 딸이 단톡방에서 여행자들과 대화를 하고 있다고 했다.

이곳에 핑크빛이 도는 염전이 있는데 거긴 차량을 대여해야만 갈 수가 있다고 한다. 만약 차를 대절해서 같이 갈 사람들이 모이면 가고, 아니면 안 간다고 했다. 그런데 모인 인원들이 운전 면허증이 없다고 한다. 그래서 나한테 운전을 할 수 있겠냐고 했다. '매일같이 하던 일인데 여기라고 못 할까'라고 자신 있게 말했다. 하지만 당일 차를 대여할 수 있는지는 미지수다. 대여가 가능하면 가고, 가능하지 않으면 못 가는 것이다.

아침이 되었고, 우린 아침부터 바쁘게 준비하고 약속 장소에 나갔다. 여리디 여리고 예쁘기만 한 아가씨 세 명이 우리를 기다리고 있었다. 준비해 간 운전 면허증을 들고 차를 대여했다. 그리고 우린 점심으로 근처 식당에서 각자 햄버거를 샀다. 기다리다 보니 우리가 대여한 차가 왔다. 차는 세단으로 깔끔해 보였고 독일의 브랜드 있는 차였다. 운전대를 잡고 시운전을 해 보았다. '내가 남미까지 와서 운전을 다 하다니…'

"예쁜이들의 생명을 나한테 맡길 수 있겠어요?" 그랬더

니,

"어머니, 너무 멋있어요."

입바른 소리일지언정 기분이 좋다. 날씨도 좋고, 핑크
빛 염전이 궁금하던 차에 갈 수 있어 설렜다. 차는 24시
간을 빌릴 수 있기에 내일 아침에 가져다주어도 된다. 그
래서 기름을 가득 넣었다. 자, 이제 진짜 출발이다. 인구
가 적은 건지 땅이 넓은 건지 시원하게 뚫린 도로에 운전
할 맛이 났다. 아스팔트 위를 신나게 달리고 있는데 갑자
기 방지턱이 나타나 차가 덜컹했다. 도로 곳곳에는 꺼진
땅, 싱크홀이 있었다. 조심해서 달린다고 했는데 덜컹하
는 느낌이 있었다. 그래도 좋은 차라 하니까 이상 없겠지
하는 믿음이 있었다.

그런데 어느 순간 차에서 계속 이상한 냄새가 난다. 하
지만 계속 달렸다. 그런데 어떤 차들이 우리 옆을 지나면
서 빵빵거리더니 세우라는 신호를 보낸다. 차를 세우고
내렸다. '세상에 이런 일이!'는 정말 이때 쓸 수 있는 말일
거다. 타이어가 찢어지다 못해 가루가 되어 있다. 그 상태
로 우리는 계속 달렸던 것이다. 그런데 어디선가 기다렸

다는 듯 청년 네 명이 오더니 트렁크 문을 열고 트렁크에 있는 예비 타이어를 가지고 온다. 본인들의 차에서 장비를 가져와서 일사천리로 타이어를 갈아 준다. 우리 여자 다섯 명은 그들이 하는 것을 지켜 보고 있을 뿐이었다. 물론 환호를 보냈다. 감사를 하려고 하는 찰나 그들은 미소만 남기고 자기들의 차를 타고 휙 가는 것이었다.

그 이후 난 운전을 조심할 수밖에 없었다. 그들은 우리가 잘 가고 있는지 뒤에서 따라오면서 확인하고는 더 이상 보이지 않았다. 얼굴도 기억이 나지 않은 찰나의 순간이었지만 그들은 나에게 천사로 기억되고 있다. 목적지를 입력하고 내비게이션을 따라 운전하는데 갑자기 차 한 대만 갈 수 있는, 비켜설 수도 없는 험한 길이 나온다. 앞에서 경찰차가 오는 중이다. 나보고 후진을 하라고 하는데 내 몸은 얼어붙어 제대로 할 수 없다. 도와달라고 하니 도와주었다. 경찰차는 무사히 가고 우리도 다시 출발했다.

드디어 좁은 길을 빠져나와 이차선이 있는 곳으로 왔다. 도로 사정은 여전히 좋진 않았지만 이 정도면 감사했다. 옆으로는 바다가 보이기 시작했다. 뒤에 앉아 있던 사람들이 "와! 홍학이다!" 소리친다. 거기서 잠깐 사진을 찍기로 하고 단단해 보이는 흙 위에 차를 세웠다. 내려서 사진을 찍고 차를 타고 출발하려는데 차가 앞으로 나가지는 않고 계속 모래 속으로 빠져든다. 순간 긴장이 되었다. 여기선 도와달라고 해도 도와줄 사람이 없는 곳이었다. 우리는 있는 힘을 다하여 차를 밀었고, 차는 다행히 모래 위를 빠져나왔다. 갈급한 상황에서는 초인적인 힘이 나오는 게 맞나 보다.

한숨을 돌리고 출발하려는 찰나 밑에서 계속 뭐가 거치적거린다. 차를 세우고 내려서 보니 차 범퍼 아래 플라스틱이 걸레처럼 너덜거리면서 끌리고 있었다. 이대로는 갈수가 없다는 생각이 들어 대여점에 전화해 보라고 했다. 그런데 전화를 받지 않는다. 다리가 후들거린다. 호랑이한테 물려가도 정신만 차리면 산다는데… 좋은 방법이 없을까? 너덜거리는 것을 어떻게든 끈으로 묶어 올려 보자고 한다. 그런데 마땅한 끈이 없다. 우리가 점심으로 산햄버거 비닐봉지가 보여 그걸 끈으로 만들어 묶자고 했다. 앞에서 오던 차가 우리를 보고 서더니 도움을 주는데 이탈리아 사람이라고 했다. 고마웠다. 올릴 수 있는 만큼 올리고 제발 목적지까지 아무 일 없이 갈 수 있기를 간절히 기도하면서 운전대를 다시 잡았다.

그런데 진짜 바닷빛이 분홍색인 핑크빛 염전이 보이기 시작한다. 빛의 각도에 따라 핑크빛으로 보이다 보라색으로 보이다 하는 광경을 보며 자연의 신비로움에 도취되었다. 하지만 우리는 갈 길이 멀다. 차 대여점이 문을 닫기 전 반납을 해야 했기에 핑크빛 염전에선 신속하게 사진을 찍고 출발해야만 했다.

군데군데 도로에 싱크홀이 보여 정신을 바짝 차리고 운전할 수밖에 없었다. 그리고 다행히 문 닫기 직전에 도착했다. 우리 문제인 줄 알고 걱정했는데 원래 차 상태가 좋지 않은 거였다. 무사히 차를 돌려주고 가슴을 쓸어내리며 오늘 함께한 일행이 함께 모여 저녁 식사를 하고 헤어졌다. 그래도 이 모든 것을 함께 겪은 사람들이 있어 이야기꽃을 피며 위안을 얻는다.

힘들었기에 영원히 기억될 핑크빛 염전, 핑크빛 추억이 되어 간직되겠지.

최고급 휴양지에서의 마지막 추억

같은 칸쿤 지역이지만 칸쿤은 크게 세 부분으로 나뉜다고 했다. 공항에서 가까운 호텔이 즐비하게 있는 칸쿤, 그리고 우리가 지금 있는 플라야 델 카르멘, 그리고 아래쪽엔 치첸이사를 가다가 본 툴룸이란 지역이다. 오늘은 플라야 델 카르멘에서 이동하여 칸쿤 호텔존으로 간다고 했다. 딸은 며칠 동안 고민을 하더니 오늘 최고급 호텔에 가자고 했다. 플라야 델 카르멘에서 칸쿤까지 가는데도 한 시간이 넘게 걸린다. 플라야 델 카르멘에서 친절했던 주인과 인사를 하고 나와 승합차에 몸을 싣는다.

한 시간 정도 지나고 나니 종착역이라고 하면서 내리라 한다. 종착역에서 우린 호텔존까지 또 가야 한다. 버스를 탈까 고민을 하다가 앞에 있는 택시 기사가 권해 택시를 탄다. 택시가 참 많이 낡았다. 에어컨이 작동 안 되는지 문을 열고 달리니 바닷바람에 머리카락이 휘날린다. 해변을 끼고 30분 정도 달렸을까. 친절한 택시기사가 이곳은 신혼여행으로 많이 온다고 하니 딸도 공감한다.

칸쿤에는 안에서 식사를 무제한으로 제공하고 놀 것까지 해결할 수 있는 올인클루시브 호텔이 있다고 하는데 그 중에서도 최고급 호텔에 간다고 했다. 최고급 호텔이기에 일찍 가서 기다려야 한다며 우린 체크인 시간 30분 전에 도착했다. 택시에서 내리자마자 최고급 호텔의 서비스를 느낄 수 있었다. 짐을 내려주는 것은 기본이고, 팁을 달라고 하지도 않고, 우리에게 따뜻한 물수건을 주고 시원한 음료수를 제공한다.

점심을 먹을 수 있다고 하여 식당에 갔다. 눈이 휘둥그레진다. 뷔페가 산해진미다. 본인이 좋아하는 음식을 골라서 먹는다. 세계 각국 인종이 모여 있다. 이곳은 가족 단위로 많이 오는 곳 같았다. 나이가 지긋해 보이는 가족도 있고, 젊은 가장이 자녀들을 데리고 오고, 부모님을 모시고 온 가족도 본다.

삶이 여유롭지 않았던 젊은 날엔 아이들 뒷바라지에 젊음은 어느새 지나가 버렸다. 그래도 삶을 잘 가꿔 가정을 든든하게 세웠다고 생각한다. 이렇게 여행도 할 수 있으니 말이다. 각 가정이 행복하게 웃으며 식사하는 모습을 보면서 나까지 덩달아 행복해진다. 행복은 멀리 있는 게 아니고 가까이 있으며, 누가 가져다주는 게 아니고 만들어 가며 사는 것이리라.

더운 날씨임에도 쾌적한 환경으로 기분이 좋다. 점심을 먹고 숙소에 들어가니 너무 좋다. 여행의 피곤이 사르르 녹는다. 호텔 발코니 앞으로 카리브해의 에메랄드빛 바다가 펼쳐진 지상낙원이다. 해가 질 무렵에 나가 파도도 일지 않는 호수 같은 에메랄드빛 바닷물에 몸을 담그고 수영을 했다.

저녁엔 뷔페가 아닌 나라 별로 있는 식당에 들어가서 식사를 할 수 있다. 우린 스시점을 갔다. 음식을 만들면서 쇼를 하니 사람들이 박수를 보낸다. 먹는 즐거움에 보는 즐거움까지 선사해 준다. 저녁 식사를 하고 나오니 낮에 한산하던 통로가 각종 기념품을 진열해 놓은 시장을 이루고 있다. 광장에선 한차례 공연이 있었나 보다. 출연자들의 복장으로 보아 마야족 전통 공연인 것 같았다. 우리도 배우들과 함께 촬영을 하였다. 그리고 바닷가에 있는 소파에 앉아 밤바다를 감상했다. 얼굴을 스치는 밤바람도 너무 좋았다. 행복하다는 말이 절로 입에서 나왔다. 이 순간을 붙잡고만 싶었다.

이 순간순간을 모조리 담고 싶어 잠을 자지 않을까도 생각했지만 잠이 스르르 들었고 아침이 되었다. 이곳엔 돌고래가 있는 풀장도 있다. 직원들이 물을 갈아주고 밥도 주니 돌고래가 기분이 좋아서 재주를 넘는다. '칭찬은 고래도 춤추게 한다.'는 말이 갑자기 생각나 웃음이 나왔다. 호텔 직원들은 계속해서 일사분란하게 움직였다. 최고가 그냥 되어지는 게 아니란 것을 눈으로 보고 피부로 느낀다. 최고급 호텔에서 최고의 서비스를 받다 보니 세상의 모든 시름을 잊게 된다. 최고급 호텔에서의 마지막 밤은 정말 근사했다.

장기 여행으로 인해 여행비를 절약하기 위해 도미토리를 전전하다 보니 (물론 나의 언어 소통을 위한 한인 민박 선택일 수도 있다.) 물이 단수되어 고생한 적도 있고, 여럿이서 한방에서 자야 하는 경우도 생겼다. 불편함이 있었던 것은 당연하고. 그래도 그 경험이 재미있었는데 지금 갑자기 비교되는 마음이 올라오는 건 뭘까. '가난하게 살던 삶이 부유해지면 불편함을 모르는데, 부유하던 삶이 기울어지면 불편하다.'라는 말이 새삼 떠오른다. 그런데 뭐든 일장일단이 있는 것 같다.

그 모든 삶을 즐길 수 있는 것이 참된 축복이 아닐까 한다. 최고급 휴양지에서의 남미 여행 마지막 밤을 평생 잊을 수 없을 것 같다.

에필로그

아메리칸 비행기 안이다. 멕시코 칸쿤에서 새벽 비행기로 3시간을 타고 미국 달라스 공항에 내리니 한국어로 '환영'이라고 쓰여 있다. 한국어만 봐도, 한국 사람만 봐도 나들이 갔다 오시는 어머니의 얼굴을 보는 것처럼 반갑다. 어머니의 품속처럼 따스하고 정겹고….

달라스 공항에서 또 두 시간을 기다리다 한국 가는 비행기를 타야 했기에 면세점을 돌다 아들이 진급한 기념으로 몽블랑 펜을 큰맘 먹고 샀다. 방송으로 한국인들 이름이 흘러나오니 달라스 공항에 있는 난 이미 한국공항에 도착한 기분이다. 시간이 되어 진짜 이제 한국으로 가는 비행기를 탔다. 이날이 올 거란 생각을 하지 못했다. 승무원이 한국말로 무슨 음료를 마실 거냐고 묻는데 나도 모르게 몸짓으로 말하고 있었다. 지난 77일간 언어가 통하지 않을 때 나만의 소통 방법이 습관이 되어 몸짓을 하는 날 보며 나도 모르게 웃음이 나왔다.

14시간이 지나고 나니 인천 국제공항이다. 지난 시간 동안 다녔던 어떤 공항에 비할 것 없이 웅장하고 깨끗하다. 가족들한테 도착했다고 제일 먼저 연락하고 가방을 찾아 나왔다. 전철을 타고 서울역에서 내려 식당에 가서 김치찌개를 먹었다. 택시를 타려고 기다리고 있는데 나이 많은 외국인 부부가 가방을 잔뜩 들고 택시를 잡고 있기에 양보했다. 우리가 외국에 있을 때 친절한 사람들 때문에 기분이 좋았던 게 생각이 났다.

우리의 택시가 도착했고, 캐리어를 트렁크에 올리면서 도와주지 않고 자리에 앉아 있는 택시 기사님을 보며 한국에 왔구나를 실감했다. 택시 기사님은 집까지 가는 내내 불평불만이 많아 보였다. 이해하기로 했다. 그리고 그 감정에 영향받지 않기로 했다. 집에 도착해 시차로 인하여 뒤척이며 잠을 못 이루고 있는데 파라과이에 있는 동생한테 메시지가 왔다.

'장거리 여행 건강하게 완주한 걸 축하해!'

나이가 있고, 거기에 퇴행성 관절염까지 있음에도 불구하고 난 힘들다는 남미 여행을 뚜벅뚜벅 걸어 다 이루었다. 동생은 내가 걱정이 됐는지 딸한테 엄마 잘 모시고 다니라고 부탁하고, 언제든 엄마가 몸이 안 좋으면 한국으로 바로 가라고 했는데… 약속했던 시간들을 다 견뎌냈고, 이루었다.

떠날 때 입었던 옷을 돌아올 때까지 입었다. 여행할 때 입었던 빨간 바지에 얼룩무늬 티셔츠를 평생 간직하고, 그것을 보면서 난 평생 여행하는 마음으로 살려고 한다. 지금도 아침이면 식사 준비를 하면서, 여행할 때 숙소 주인이 식사 준비하던 그때가 가끔 생각나곤 한다. 하지만 그 모든 것들은 혼자 힘으로 한 것은 아니다. 거기 있었기에 가능했고, 함께 하였기에 가능했다.

몇 개월간의 여행이었지만, 이렇게 평생 추억하면서 내가 행복할지 몰랐다. 그렇게 난 언제나 여행 중이다. 지나온 추억을 기억하며…

이명희 수필가는 〈한국문인〉 신인문학상을 수상하며 문학적 역량을 인정받아 문단 활동
을 시작하였다. 새한국문학회, 여백문학회 회원으로 꾸준히 창작 활동을 이어오고 있으며,
증평문인협회 지부장을 역임하며 지역 문학발전에도 힘써왔다. 현재는 맑은샘교회 담임목사
로서 말씀과 삶, 그리고 문학을 아우르는 글쓰기를 하며, KBS 시니어 토크쇼 '황금연못' 자
문단으로 활동하고 있다. 신앙과 일상이 맞닿는 지점에서 따뜻한 시선으로 세상을 바라보며,
삶의 여백에 하나님의 손길을 담아내는 글을 써 내려가고 있다.

이명희 수필가의 작품 세계

경암 이철호 소설가

서먹한 딸과의 77일 간의 남미 여행기!

'기회가 왔을 때 묻지도 따지지도 않고 행동하는' 저력이 없다면 '다리
도 떨리고 가슴도 떨리는' 시점에서 쉬이 나서지 못했을 것이다.

그러면서도 '떨리는 다리'를 다스리는 작가의 지혜는 어디서 오는 것일
까. 세월이 축적한 것일까, 아니면 타고난 것일까. 아무래도 둘 다일 듯하
다. 그러한 다스림의 지혜야말로 작가가 험난한 여정을 무탈하게 할 수 있
었던 저력이었으리라.

삶의 밭에 꽃씨를 심는 일
―도상에서 진정한 나를 만나는 환희로움에 대하여

새소리가 들려오고 푸릇푸릇한 잎새들 사이 아침 해가 반짝이는 산책길이다. 아직 펼쳐지지 않은 미지의 하루에 대한 기대로 설렌다. 무반주 아카펠라에 맞추어 가만가만 걸어가는 발끝에서 홍해가 갈라지는 일상을 경험하는 것은 어떤 느낌일까.

전혀 다른 낯선 풍경들 속에서 익숙한 육신과 의식을 마주하게 될 때 나란 존재는 어쩌면 생뚱맞게 느껴지지 않을까. 무의식적으로 지나쳤던 익숙한 것들이 선명하고 커다랗게 보이는 것은 '여행'을 통한 '낯설게 하기' 때문이다. 비약된 환경 속에 이방인으로, 객체로서의 나를 마주하는 것이다. 그럴 때 감정, 생각, 내가 겪고 있는 상황들이 구체적으로 보이기 시작한다. 버려야 할 것은 버리고, 포기할 것은 포기하고 군더더기를 덜어낸다. 결국, 흐트러진 마음을 추스르고 사물의 본질을 더욱 선명하게 인식

한다.

이렇게 본다면 여행은 하나의 '창조'에 가깝다. 단지 관광을 위해서라면 고달프다 할 수 있는 길을 나서지 않아도 된다. 안방에 앉아서 세계 곳곳을 세세하게도 또 광대한 시선으로 담아놓은 영상들이 넘쳐난다.

굳이 길을 나서는 이유는 낯선 길 위에서 낯선 나를 만나기 때문이다. 한 번도 마주치지 못한 내 속의 나를 만나는 거, 그것은 신대륙의 발견 같은 것으로 나라고 믿고 있었던 타성적이고 피상적인 자의식을 벗어나 진정한 나를 만나는 도상이다.

이러한 여행길에 나선 이가 있다. 그것도 하루, 이틀이 아니고 석 달을 훌쩍 넘는 시간을 '거친' 남미로 말이다. 결코 혼자라면 엄두도 못 내었을 일, 파라과이로 이민 간 동생이 보고 싶기도 했던 작가는 서먹한 딸, 그러나 세계 곳곳을 여행하며 글을 쓰는 딸이 가자고 하니 굳이 주저할 이유가 없었다. 하지만 가슴도 떨리고 다리도 떨리는 이 마당에 이 거친 여행을 무사히 마칠 수 있을까.

우유니 소금 사막이거나 티티카카 호수라는 이름을 들어보았는가. 파라과이의 도시를 배회해 본 적이 있는가. 24시간 동안 2층 버스를 타고 동화 같은 꿈속에 들어가 본 적이 있는가. 봉급인상을 요구하는 시위로 도로 가운데 놓인 바위와 나무들을 피해 마추픽추를 향해 달리는 버스를 타 보았는가. 잉카제국을 마주해 보았는가.

환갑을 훌쩍 넘긴 마당에 이 모든 것을 경험한 이가 바로 이명희 작가이다. 이 거친 77일간의 남미여행을 끝내고 이제 책을 펴려는 서두에 무슨 말을 할 것인가. 이 특이하고 경이로운 경험을 막 들려주려는 이에게서 나올 감격과 설렘은 가히 폭발적일 것이다.

그러나 모험에 직접 나서지 않은 독자의 입장에서는 자신의 일상이 무색해질 수 있다. 한순간, 삶의 빛을 잃어버린다. 일상이 말할 수 없이 지루하고 답답하게 가슴을 조여오는 것이다. 하지만 작가의 시작은 능청스럽다. 그저 비행시간이 얼마나 길었는지 안도시키며 느슨한 작가의 호흡 안으로 독자를 끌어들인다. 독자가 작가와 같은 연배라면 깊은 친밀감 속에 여행을 함께 즐길 만반의 준비가 끝난다.

작가의 느슨함은 곧 '단순함'으로 절정을 살려내는 과감한 생략과 압축의 미로 해석된다. 이는 기교의 문제라기보다는 삶의 방식과 관련한 가치를 보여주는 서술방식이다.

결론적으로 이 모든 것으로 말미암아『어느 날, 딸이 남미로 떠나자고 했다』는 분명 77일간의 남미 여행수필이면서도 조금도 지루하거나 답답하지 않다. 한 장의 사진을 묘사하는 장황함이나 여행수필 특유의 세밀도를 강제하지 않기 때문인지도 모른다.

드디어 착륙! 비행기에 오래 있어도 너무 오래 있었다. 하늘 위에 있는 건 아무래도 피곤하다. 땅에 발을 디뎠다고 좋아하던 기쁨도 잠시, 비행기에서 나온 수하물을 찾아야 하는데 우리의 캐리어가 보이지 않는다. 나오겠지 하며 안일한 생각으로 있었는데, 시간이 지나고 같이 비행기를 타고 왔던 사람들도 한 명두 명씩 자신들의 짐을 찾아 공항을 빠져나가는데, 우리 짐은 끝까지 나오지 않는다.

-〈우여곡절 끝에 드디어 입성!!〉

77일간의 남미여행은 이렇게 시작하고 있다. 이 지극한 평범함이 '도전'과 '새로움'의 출발이라니 놀랍지 않은가.

다른 친구들은 이제 긴 시간 비행기를 탈 수 없어 어디 떠나지도 못한다. 하지만 나는 이때가 아니면 언제 움직일까 해서 아주 용기 있게 딸을 따라나섰다. 그것도 고난이도라는 남미 여행을…. … 뭐가 잘못된 것임은 분명했다. 한구석으로 우리를 데려갔다. 그러더니 우리의 짐을 가져온다. '올레!' 외치던 것도 잠시 우리더러 짐을 다 열어보라고 한다. 뭔가 단단히 검사대에서 걸린 것이었다. −〈우여곡절 끝에 드디어 입성!!〉

작가가 정성스레 만든 미숫가루가 검색대에 걸린 것이 문제였다. 보석도, 진귀한 어떤 것도 아니고 미숫가루라니 … 한여름 설탕을 넣고 휘휘 저어 얼음을 동동 띄어 먹었던 미숫가루, 추억에 젖게 한다.

다른 친구들은 비행기를 탈 수 없어 떠나지 못하는데… '기회가 왔을 때 묻지도 따지지도 않고 행동하는' 작가의 강점이 현실적 장벽과 생각의 한계를 넘어서 인생을 멋진 모험으로 이끌고 있다. 결국 거친 남미 여행은 한 인생에 있어 아름다운 서사가 되어 작가의 삶의 풍요롭게 하는 마르지 않는 우물이 될 것이다. 언제고 추억을 퍼 올릴 때면 질펀한 이야기 속에서 삶의 새로운 용기들을 길어낼 수 있는 것이다.

　처음부터 우여곡절이 조금 있었지만, 그래도 생전 처음 해 보는 내 황혼의 남미 배낭여행이 시작되었다.
　–〈우여곡절 끝에 드디어 입성!!〉

　이것은 첫 문장이 아니다. 〈우여곡절 끝에 드디어 입성〉이라는 수필 작품의 끝 문장이다. 구성의 묘가 절묘하다. 이는 『어느 날, 딸이 남미로 떠나자고 했다』는 수필집이 여행의 시작부터 여행을 마칠 때까지 추보식으로 구성되었지만 개 작품의 예술성도 주목해 보아야 한다는 것을 의미한다. 어쨌든 작가는 30여 시간의 비행 후 미숫가루로 우여곡절 끝에 브라질에 입성하였다.

　호텔에서 짐을 풀고 우리는 정신없이 잠을 잤다. 비행기를 타고 온 시간보다 더한 시간을 우리는 잠만 잔 것 같다. 여행을 가면 항상 시간에 쫓겨 바쁘게 돌아다녔었는데, 모든 계획을 우리 맘대로 할 수 있다니 너무 좋다. 아프면 아픈대로 쉬기도 하고, 돌아다니고 싶을 때 돌아다니고. 가고 싶은 곳을 내가 정해 간다는 것. 좀 머리는 아프지만 말이다.

-〈여행자들의 끝판, 남미에서 예수상을 마주하다〉

그렇다. 사실 패키지여행은 이국적인 장소에 있다는 것일 뿐 새로운 모험의 여지가 없다. 이미 세팅된 환경하에서 어떤 도전의 건덕지는 없는 것이다. 도전에는 위험이 따른다. 위험의 요소가 배제된 '안전한' 모험이란 사실 모험이 아니지 않은가. 불안정하고 예기치 않은 상황들에서 어떻게 대처하느냐가 관건인 바, 그래서 여행이란 모험의 모방으로 의도된 삶의 액자식 구성을 형성하며 우리 인생길에 걸리는 한 편의 명작이 된다.

〈여행자들의 끝판, 남미에서 예수상을 마주하다〉는 작가의 수필집에 있어서 가장 핵심적인 작품이다. 일테면 머리가 손과 발, 온몸을 어거하듯이 작가의 가장 중심적인 가치관이 녹아 있는 작품이기 때문이다.

평소 나의 관심사는 '신앙'이다. 나는 매일 기도를 한다. 기도의 힘으로 내가 이제까지 잘 살아왔다고 믿는다. 그래서 내 맘속에는 항상 '그분'이 우선이다. … 어쩌면 어떤 방식으로든 사람들은 제사를 드리기 원하는 영적인 존재들이 아닌가 싶다. 6년 동안에 걸친 사람들의 땀방울과 사랑, 희생으로 세운 예수상을 바라보며 겸허한 마음이 든다. 그리고 비로소 진짜 여행이 시작되었구나를 실감했고, 앞으로의 모든 여정을 함께 해달라고 난 기도를 한다.

작가의 마음의 고갱이는 '그분'으로 지칭되는 예수 그리스도이다. 모든 삶의 출발점이자 끝일 작가의 신앙을 알지 못하고는 작가의 깊은 내면을 들여다보는 것은 불가능하다. 작가의 고백처럼 삶의 동력이 그분으로부터 나오니 말이다. 그러니 〈여행자들의 끝판, 남미에서 예수상을 마주하다〉는 여행자의 눈으로 바라본 남미의 예수상을 빌린 일종의 '신앙고백서'다. 물론 수위를 낮춘 은근하고 부드러운 속삭임으로. 하지만 어느 이에게는 미세한 소리도 천둥처럼 들릴 것이며 어느 이에게는 천둥소리도 잔잔한 바람 소리처럼 여겨질 것이다.

어쨌든, 작가의 여행의 첫 시작에 예수상을 마주하였다는 것은 우연한 일로 보이지 않는다. 시작과 끝이 맞닿아 있다면 알파와 오메가가 되신 주님을 향한 의뢰야말로 두려움 없는 여정에 대한 확인이 아닐까.

그렇다면 다음으로 이어져야 할 것은 삶의 평안함이거나 축복이어야 한다. 하지만 작가를 기다리고 있는 것은 '국제 미아'가 될 뻔한 아찔한 상황이다. 평안하고 느긋했던 마음을 한순간 뒤엎는다. 갑작스런 긴장감이 당혹스럽다.

"시간이 다 되었으니 짐을 싸서 나가주세요."
이게 무슨 소리? 난 한국어로 직원에게 그럴 리가 없다고 말을 했다. 뭐 직원이 알아들을 리가 있나. 난 그 자리에서 딸의 휴대폰 번호를 적어 주며 전화를 해 보라고 했다. 그러나 직원은 안 된다고 한다. 그냥 짐을 싸야 한다고만 말한다. 번역기로. 난 영문을 몰라 일단은 방으로 들어와 짐을 주섬주섬 싸기 시작했다. 놀란 마음에 다리가 후들거리며 진땀이 줄줄 흐른다.

말이 안 통한다는 게 이런 거였구나.

딸이 나간 사이 일어난 일이다. 영어를 할 줄 모르니 어쩌면 '별것 아닌' 상황에서도 엄청나게 허둥거릴 수 있다. 하지만 느긋하게 쉬려는데 느닷없이 방에서 쫓겨나게 되고 한마디 대구조차 못한다면 결코 '별 것 아닌' 상황은 아니다.

이 사건은 여행의 한순간 한순간이 당연한 것이 아니라는 사실을 상기시킨다. 어디 여행뿐이랴. 우리 일상도 그것을 얼마나 귀하게 여기느냐 따라 삶의 질과 반응은 천양지차이다. 결국 삶의 작은 파동들을 통해 깨어나기, 새롭게 하기, 본질적인 것에 대한 가치 지향성은 고양될 것이다.

딸과의 연락을 통해 모든 문제가 해결되었을 때 느꼈던 안도감, 평안함은 '방에서 쫓겨나'는 상황이 없었더라면 경험할 수 없었을 터였다. 더불어 언어적 장벽에서 오는 소통의 불능도 있지만 같은 언어 속에서도 여전한 소통의 문제를 보게 된다. 여행에 방점을 찍는 사건이다.

교회는 완성되지 않은 것 같았다. 교회 뼈대는 세우고 지붕까지 가렸는데, 아직 문도 없고 벽도 없었다. 돈이 없으면 멈췄다가 다시 정비하고 일을 한다고 했다. 또 이곳에 아이들을 위해 도서실을 만들고, 학교를 세울 예정이라고 했다. 아이들을 위해 이렇게 사역하시는 두 내외를 보면서 절로 기도가 나왔다.
-〈아무나 들어갈 수 없는 그곳에 가다〉

1년 전 파라과이로 이민 간 동생이 잘 정착하여 살고 있을 뿐 아니라 오히려 범죄의 위험으로 보호받고 있다는 사실을 알게 되었을 때 작가는 얼마나 뿌듯하였을까. 먼 길을 떠나오길 잘했다는 생각이 들었으리라. 파라과이 대통령궁 옆 빈민촌 라 자카리타에서 다른 이를 위해 자신들을 내려놓은 선교사 부부의 아름답고 숭고한 희생에 고개가 숙여진다.

우리는 폭포를 가까이서 볼 수 있는 곳까지 걸어서 갔다. … 물보라는 가까이서 맞다 보니 이슬비를 맞고 있는 것 같다. 구름 한 점 없는 하늘에서 쏟아지는 햇빛과 떨어지는 물이 만나니 무지개가 형성된다. 내가 가는 대로 무지개가 따라다니는 것 같다. 나이아가라 폭포가 내게 주는 의미가 '나이야! 가라!'였다면 이구아수 폭포가 나에게 주는 의미는 무지개가 따라다니니 행운이 따라다닌다는 것이었다. … 이 모든 것들이 인공적으로 만들어진 것이 아닌 대자연이 그대로의 모습으로 웅장함을 가지고 있다는 황홀 그 자체였다.

파라과이에서 자동차로 6시간이나 걸려 브라질 국경을 넘어 이구아수 폭포를 동생 내외와 함께 구경하러 왔다. 광대하게 쏟아져 내리는 이구아수폭포의 장엄함을 맨눈으로 목격한 사람은 얼마나 광활한 마음을 가지게 될까. 우물 안에서 하늘을 보는 것과 장대한 자연의 보폭을 경험한 사람이 같을 수는 없을 것 같다.

신체적인 민첩성이나 언어적 순발력을 기대할 수 없을지라도 때로 여행자 중 최고령이라는 것이 그렇게 불리하지만은 않다. 한국에서는 무심히 스쳐 지날 아줌마거나 할머니도 낯선 이국의 땅에서는 여행의 동료가 되고 어머니, 할머니로 그리운 이웃이 되기 때문이다. '허심탄회'란 아무 때나 어디서나 통하는 것은 아니다. 탱고의 강렬한 음악과 관능적인 춤에 홀리는 거친 남미에서나 가능한 일이 아닐까.

이날은 참 부지런한 하루였다. 그리고 어머님, 어머님 하면서 챙겨주는 청년들과 함께 다니니 재미있고 든든했다. 그리고 하루의 마지막은 탱고의 음악이 흐르는 곳에서 공연을 보면서 마무리한다. 무대가 열리면 영화 속 장면이 튀어나와 내 눈 앞에 펼쳐지고 있는 기분이었다. 미남미녀라고 해야 하나, 선남선녀라고 해야 하나… 남녀 쌍쌍이 추는 탱고는 나를 홀리고야 말았다. 탱고의 강렬한 음악과 관능적인 춤의 탱고에 취해 난 밤이 깊어가는 줄도 몰랐다.
–〈탱고의 나라를 이곳저곳 누비다〉

달리는 차창 밖으로 저 멀리 하얀 물체가 보이는 것 같다. 비포장도로로 더 들어가니 온 세상이 하얀 소금 사막에 도착했다. 내가 봤던 물체는 소금을 산처럼 군데군데 쌓아 놓은 것들이었다. 눈이 온 길을 달리고 있는 것 같은데, 그건 눈이 아닌 소금이라 했다. 소금이 끝도 없이 펼쳐져 장관을 이룬다. 그것도 인공적으로 만든 것이 아닌 자연적으로 생성된 거라고 하니 자연의 신비에 감탄할 뿐이다. … 하늘은 구름 한 점 없이 파랗다. 소금은 맑은 물속에서 수정처럼 얽혀 햇빛을 받으니 반짝거린다. '저게 다 보석이었으면 좋겠다.'라는 생각을 잠깐 한다. 밝은 대낮에 밤하늘의 수많은 별을 보고 있는 것과 같은 환상에 빠져든다. 새삼 이곳에 내가 서 있다는 사실이 신기하고, 감사하기만 하다.

이 글의 제목은 무엇일까. '우유니 사막'이거나 '소금 사막' 또는 '소금밭'이라면 어땠을까. 아마도 작가의 감동을 표현하기에는 역부족이었을 것이다. 경이로움과 감동을 한 마디로 어떻게 표현해야 했을까. '지구에 이런 곳이 있을 줄이야'이다. 한꺼번에 독자의 호기심과 시선을 사로잡는 참으로 재치있는 제목이 아닐 수 없다.

사실, 작가의 거침없음이 이러한 제목을 탄생시켰는지도 모른다. 환갑이 넘은 나이에 그것도 남미여행에 따라나선 것도, 열흘이거나 보름의 계획도 아닌 석 달을 훌쩍 넘는 시간을 예정하고 떠나는 여행이 어찌 그리 간단한 일이었을까.

기다리는 시간을 합하여 30시간이었다. 이렇게 장거리 비행기를 타 본 적은 처음이었다. 다른 친구들은 이제 긴 시간 비행기를 탈 수 없어 어디 떠나지도 못한다. 하지만 나는 이때가 아니면 언제 움직일까 해서 아주 용기 있게 딸을 따라나섰다. 그것도 고난이도라는 남미 여행을…. … 남동생이 사는 나라가 어떤 나라인지 궁금하기도 했다. 보고 싶기도 했고, 여러 요인이 맞물려 기회가 온 것이다. 기회가 왔을 때 묻지도 따지지도 않고 행동하는 건 나의 신조이자 장점이기도 하다.

'기회가 왔을 때 묻지도 따지지도 않고 행동하는' 저력이 없다면 '다리도 떨리고 가슴도 떨리는' 시점에서 쉬이 나서지 못했을 것이다.

그러면서도 '떨리는 다리'를 다스리는 작가의 지혜는 어디서 오는 것일까. 세월이 축적한 것일까, 아니면 타고난 것일까. 아무래도 둘 다일 듯하다. 그러한 다스림의 지혜야말로 작가가 험난한 여정을 무탈하게 할 수 있었던 저력이었으리라.

고도가 높은 곳을 여행한다고 주사를 맞고, 약도 먹고 만반의 준비를 했건만 내 몸은 말을 듣지 않는다. 만반의 준비를 했다 해도 느껴지는 아픔의 원인을 내가 어떻게 알고, 어떻게 없앨 수 있을 것인가. 일단은 가지고 온 약을 먹으면서 물을 많이 마시고, 쉬는 게 제일이다. 그러고 보면 고도가 높은 곳을 여행하는 법이란 따로 없을지 모른다. 만반의 준비를 했지만 아플 수도 있는 거고, 준비하지 않아도 무사 무탈하게 지나갈 수도 있는 것. 그냥 몸이 보내는 미세한 신호를 무시하지 말고 강행군하지 않는 것이 장기 여행에서 필요한 덕목 같았다. 그래서 난 "여행은 많이 돌아다니는 거야."라고 말했던 남동생의 말을 무시하고, 오늘도 과감히 혼자 숙소에서의 휴식을 택한다.

-〈고도가 높은 곳을 여행하는 법〉

원숙한 삶의 지혜가 느껴지는 장면이다. '만반의 준비를 했지만 아플 수도 있는 거고, 준비하지 않아도 무사 무탈하게 지나갈 수도 있는 것…' 우리는 순리대로 사는 삶을 배우기 위해 얼마나 많은 세월 아프고, 절망하고, 상처받았던 것일까. 흐름에 몸을 맡기고 '몸이 보내는 미세한 신호'에 반응하며 성실하면서 악착스럽게 사는 것이 인생의 몫이라는 것을 알기까지는 쉽지 않은 시간을 지나온다.

그것이 비록 타고난 지혜일지라도 삶의 반응이 '순응'일

때 거센 물결을 거스르는 어리석음에서 벗어나 한계된 자유를 온전히 누릴 수 있으리라. 어쩌면 그 자유를 누리는 동안 경계에 닿아보지 않는다면 자유란 무한성의 날개를 펼 수 있지 않을까.

곧 지혜나 순리의 문제가 아니라도 나이듦이 만들어내는 자유도 있다. '몰염치'로 치부할 수 있는, 이 또한 엄청난 자유를 만끽하는 일이다.

언제까지 기다려야 하는 걸까 하는 생각을 함과 동시에 갑자기 방광이 신호를 보낸다. 참다못해 여기서 소변을 봐도 되냐고 물어보니 뒤에 앉아 있던 여학생들이 기다렸다는 듯이 "어머니, 고마워요!"라고 한다. 생리적 현상이 부끄러워 말을 못하고 다들 참고 있었나 보다. 역시 나 같은 사람도 필요한 법이야.
바통 터치를 하듯 두 명씩 한 팀을 이뤄 나가서 한 명은 가려주고, 한 명은 일을 보았다. 맑기만 한 물에 난 그렇게 노상방뇨를 했다.(여기서 특별히 말하는 것이다.) 맑디 맑은 소금 사막에는 미안했지만 이 또한 자연 현상이라 생각하고 알아서 잘 흡수했을 거라 생각한다.
─〈지구에 이런 곳이 있을 줄이야〉

아이러니하지 않은가. 〈지구에 이런 곳이 있을 줄이야〉라는 지구에서 최고로 아름답고 경이로운 광경을 마주하고 있는 찰라 비켜갈 수 없는 일을 대면하는 건 어쩐지 겸연쩍다. 현실적으로는 아가씨들도 참다 참다 볼일을 보았을 터이지만 공개적인 선포가 있기까지 곤혹스러웠을 일, 환갑을 넘은, 온갖 인생의 굴곡을 거쳐온 자의 여유로움이 아닐까 싶다. 자연스러움을 자연스럽게 받아들이는데도 우리는 얼마나 많은 시간을 거쳐와야 했을까. 인생의 성숙을 한낱 생리현상에서 찾는다고 핀잔을 주려나. 아무리 부자라고 하더라도, 세상을 좌지우지하는 권력자라도, 더군다나 이 아름다운 대자연을 앞에 두고라도 이 당장의 '불통'을 해결하지 않는다면 세상은 그냥 '불통'이다. 이 지극한 자연스러움에서 우리는 우리가 누구인지를 자각할 수밖에 없다. 그러니 대자연의 창조주 앞에 겸허하게 고개를 숙일 밖엔.

아, 이거다. 일을 보고 나니 언제 그랬냐는 듯 내 얼굴에 평화가 찾아온다. 그래, 우리의 행복은 아주 큰 데서 오는 게 아니다. 우리의 불편함을 해소해 주면 그 자체로 우리는 행복을 느낄 수 있는 것이다. 나도 참… 너무나도 아름다운 자연환경에 나만의 흔적을 새기고 싶었나 보다. 그렇게 난 우유니 소금 사막에서, 그리고 또 이 티티카카 호수의 한복판에서 자연과 함께 그대로 사라질 나의 흔적을 아로새기고 왔다.

-〈두번째 노상방뇨〉

우리의 존재는 시공간 안에 흔적을 남긴다. 시간이 지날수록 미미해져 그 흔적은 사라진 것처럼 보일 뿐, 영원히, 온전히 사라지지는 않는다. 우리에게 보이지 않거나 만져지지 않는다고 흔적이 없어지는 것은 아닌 것이다. 그러므로 작가의 글을 '그렇게 난 우유니 소금 사막에서, 그리고 이 티티카카 호수의 한복판에서 자연과 함께 그대로 **여전히 존재할** 나의 흔적을 아로새기고 왔다'라고 고쳐 보면 어떨까.

역시 외국에 나가면 누구나 애국자가 된다고 하더니, 작가의 나라에 대한 사랑도 예외는 아니다. 낯선 곳에서 익숙한 것을 발견한 반가움에 더하여 내 나라, 내 땅이라는 보호 속에 어깨에 힘이 들어갈 것은 명징하다.

한국에서는 되도록 먹지 않으려고 노력했던 라면이 이곳에서는
왜 이렇게 반가운지 모르겠다. 그리고 한국 라면은 여행의 특효
약인 것 같다. 지금 이 시점에서 난 평소 쳐다보지도 않던 신
라면을 먹어야겠기에 주문을 했다.
이곳에서도 그렇고 한국이 아닌 다른 나라에서 한국의 것을 만
나면 나도 모르게 으쓱해진다. 한국에서는 느낄 수 없는 모국애
가 용솟음치는 것이다. 칠레 공항에서 S기업의 텔레비전을 보
면서도 그랬고, 종종 볼 수 있는 우리나라 기업의 흔적들. 그리
고 한국어를 만나면 그렇게 반가울 수가 없다.
-〈고도가 높은 곳을 여행하는 법〉

이국의 한가운데서 익숙한 소리가 방송을 타고 흘러나
오는 소리를 들으면 순간적으로 한국에 있다는 착각에 빠
져들다 곧바로 이곳이 어디인지를 알고는 놀라움에 사로
잡힐 것이다. 지금 대한민국은 초콜릿 하나를 얻기 위해
미군용차를 따라 뛰어갔던 시대를 훌쩍 넘어 새로운 차원
의 국격 위에 서 있다.
최빈국이라는 동정 속에서 어느덧 한강의 기적을 이뤄

내고 샴페인을 너무 일찍 터트렸다는 IMF에서도 살아남았던 대한민국, 이 말세지 말의 시대 속에서 정치적 어둠을 뚫고 다시 비상할 수 있을까. 선의 경계들을 허물어뜨리고 인간들이 세우는 바벨탑에서 모두가 공평하고 모두가 잘 사는 나라가 될 수 있을까. 바다 건너 만나는 한국의 자랑스러움이 시간이 지나서도 여전히 자랑스럽기를….

선의가 항상 선한 결과를 가져올까. 때때로 우리의 선의가 악으로 되돌아오거나 엉뚱한 결과를 낳게 될 때 우리는 좌절하기 쉽다.

우린 뭐 빼앗기는 물건이 없겠지 안심하고 있었다. 그런데 그 사람들 캐리어 제일 아래 꽝 박아둔 봉지를 꺼내서 들춰본다. 거기엔 내가 한국 가서 친구들에게 선물로 주려고 파라과이에서 산 커피가 잔뜩 들어있었다.
… 그런데 그 커피를 이 사람들이 이건 자기 나라로 반입할 수 없다고 하면서 압수를 하려고 한다. '아니, 왜?' 이해가 가지 않는다. 커피는 잘 밀봉되어 있고, 사람을 해칠 우려가 있는 것도

아닌데 말이다. 칠레 국경에서도 괜찮다고 반입이 된 걸 왜 이 나라는 안 되느냐 말이다. 말도 안 통하기에 손짓, 발짓하고 거기에 간절한 눈빛까지 보내 애원을 했건만 그들은 절대 안 된다고 한다.

삶은 '반응'의 결과치로 형성되는 무엇이 아닐까 생각해 본다. 무수한 위기와 격변의 순간 혹은 지루한 일상에서 우리의 반응은 제각각이다. 하지만 각각의 반응은 나비효과처럼 미세한 날개짓이 결국 엄청난 폭풍을 일으키며 삶을 정의할 것이다.

'그래, 최선을 다했다. 여기까지 하자. 퉤! 남의 것 뺏어서 잘 먹고 잘살라고 해. 나는 더 잘 살면 돼. 강도 안 만나고 신사적으로 뺏긴 게 어디야.'라고 내 맘 편하자고 합리적인 위로를 하며.

그렇다. 작가는 어쩔 수 없는 상황에서 빨리 모드 전환을 한다. 아쉬움과 미련 속에 머물러 있으면 과거지향적인 사람이 될 수밖에 없다. 시간은 앞으로 가는데 나는 그

자리에 머물게 된다. 그 간격은 나를 현실과 점점 멀어지게 하고 외부와의 관계성에 적절하게 반응하지 못하게 한다. 외부의 상황에서 상처받아 곪아 터지지 않기 위해서는 찔린 창을 빼어내고 상처를 치료해야 한다. 괜씸하다는 생각으로 찔린 창을 보듬고 있으면 환부는 점점 크고 깊어져 결국 생명마저 삼키게 된다.

여행하면서 예상치 못한 상황을 만나게 되는 경우가 많다. 패키지여행을 하다 보면 경험할 수 없는 많은 일을 자유여행을 하면서 겪게 된다. 그런 상황 속에서 계속 집착해서 빠져 있다 보면 다음 여행을 망칠 수도 있다. 그때는 빨리 현재를 인정하고, 내 마음을 바꿔야 한다. 최대한 좋은 방향으로. 예상치 못한 사건들 속에서 전전긍긍하지 않고 의연하게 대처하는 마음을 배우는 것 같다. 아직도 난 배워야 할 게 많은 어른이다.

고령화시대에 접어들면서 죽을 때까지 배워야 한다는 것은 더욱 절실한 문제가 되었다. 배움이란 과정을 통해서 겉사람은 후패하나 속사람은 날로 강건하게 된다. '세상은 넓고 할 일은 많다'는 김우중 대우 회장의 책 제목은 단지 꿈과 성취를 위한 젊은이들을 위한 격언만은 아니다. '나'란 문만 열면 세상이다. 배워야 할 세상은 무궁무진하다. '안주'할 때 쇠락은 시작되고 몸뿐 아니라 정신까지 후패한다. 아직도 배우고자 하는 열정이 뜨겁다. 내 마음을 바꾸어 최대한 좋은 방향으로 의연하게 대처하는 것 그것이 곧 성장의 과정이 아니고 무엇이겠는가.

한편 〈어느 날 딸이 남미로 떠나자고 했다〉와 짝을 이루는 것이 이미 출간된 〈서먹한 엄마와 거친 남미로 떠났다〉이다. 작가의 딸 조현주 님의 관점에서 바라본 서먹한 엄마와의 여행기이다. 한 이야기가 끝날 때마다 대화를 통해 여행에 대한 엄마의 소회를 밝히고 있다. 함께한 여행을 다른 두 시각으로 바라보는 것은 생각 이상으로 흥미롭다. 창창한 미래가 펼쳐질 한 장으로서의 여정과 이제, 삶의 갈무리를 해야 할 즈음에서의 여정은 달라도 많이 다르다. 딸의 글이 밀도감과 치열함 그리고 아직 오지 않은 미래에 대한 설렘과 기대로 모든 장이 펼쳐진다면 엄마의 글에는 삶의 연륜에서 배어나는 여유로움과 풍성함이 있어 좋다. 마치 서글서글한 바람이 글 사이를 골목 길 삼아 살랑살랑 불어오며 말을 거는 듯하다. 비슷하지만 똑같지는 않은 이야기, 그 차이를 음미하면 어떤 '통찰'을 얻지 않을까.

같은 상황이라도 자신의 경험과 시선에 따라 보는 것이 다른 것 같다. 그저 우리 각자가 해야 할 건 그런 말들에 영향받지 않고 자신의 소신대로 자기의 삶을 살아내야 할 것이다. 어떤 경험이든 다 버릴 것은 없을 테니. 이렇게 서로의 이야기를 듣는 것만으로도 공부가 되는 것 같다. 이렇게 또 난 내 인생의 역사의 한 획을 그어 나간다.
-〈쉽지 않은, 쿠스코 가는 길〉

그렇다. 브라질 입성에서부터 파라과이, 아르헨티나, 칠레, 볼리비아, 페루, 쿠바, 멕시코에 이르는 대장정이 작가의 인생의 한 페이지에 쓰였다. 오롯이 이명희 작가의 소신대로 자기의 삶을 열심히 살아낸 총화로서 말이다.

삶이 여유롭지 않았던 젊은 날엔 아이들 뒷바라지에 젊음은 어느새 지나가 버렸다. 그래도 삶을 잘 가꿔 가정을 든든하게 세웠다고 생각한다. 이렇게 여행도 할 수 있으니 말이다. … 행복은 멀리 있는 게 아니고 가까이 있으며, 누가 가져다주는 게 아니고 만들어 가며 사는 것이리라. … 바닷가에 있는 소파에 앉아 밤바다를 감상했다. 얼굴을 스치는 밤바람도 너무 좋았다. 행복하다는 말이 절로 입에서 나왔다. 이 순간을 붙잡고만 싶었다.

－〈 최고급 휴양지에서의 마지막 추억〉

어느 낯선 곳에서 이방의 사람들과 섞여 전연 다른 삶을 살아보고 싶기도, 말을 타고 몽골의 끝없이 펼쳐진 초원 위를 달려가 보고 싶기도, 기울어 가는 서녘의 햇살 속에서 산티아고 순례의 길을 묵묵히 걷고 싶었을 테다.

하지만 마음속의 바램들을 누구나 실천에 옮기며 사는 것은 아니다. 시간이 없다는, 돈이 없다는 이유로 어쩌면 아직은 마음의 여유가 없다며 무엇인가를 이루고 싶다는 생각들을 멀찍이 밀어두고 있는지도 모른다.

이명희 작가는 부족해 보이고, 불가능해 보이는 상황들 속에서도 생각들을 행동으로 옮기며 살아간다. 비록 완벽

하지는 않더라도 이러한 삶의 양식은 작가 자신을 얼마나 충만하게 하며 얼마나 생을 아름답게 하는가.

매일 소소하고 작은 것들을 실천하는 것은 작가의 삶의 밭에 꽃씨를 심는 일이다. 작은 꽃도 큰 꽃도 이 계절에 피어나는 꽃도 저 계절에 피어나는 꽃도 있다. 그 한때 한때의 아름다움을 누리며 미소 짓는 작가의 모습이 보이는 듯하다.

환갑을 훌쩍 넘긴 이명희 작가는 교과서에서나 들었던 이야기들을 실제 마주하고 자신의 발로 그 땅을 밟고 직접 자신의 눈으로 보았다. 얼마나 숱한 이야기들이 77일간의 시간 속에, 어려운 고비마다에 숨어 있을까. 결코 다 펼쳐낼 수 없는 두고두고 추억할 인생 최대 사건이다. 『어느 날, 딸이 남미로 떠나자고 했다』는 하루하루가 즐거움이요 환희가 되는 삶의 모색이며 곧 이룰 성취를 위한 모험이라고 하면 과장된 표현일까. 삶의 모든 여정이 하나의 여행이며 그 안에서 자기 확장을 경험하며 또 다른 자신의 면모들을 발견하는 경이로움이라는 것을 일깨운다.